Change & Transform

想 改 變 世 界 · 先 改 變 自 己

Change & Transform

想改變世界・先改變自己

涓滴改善
富創
巨大成就

零恐懼、不會失敗，長久建立任何新好習慣

One Small Step Can Change Your Life：The Kaizen Way

全美涓滴改善專家**羅伯・茂爾 Robert Maurer**——著　**謝佳真**——譯

獻給我的父親莫特·茂爾（Mort Maurer）
他協助我看見涓滴改善之道在職場的威力

也獻給我的母親蜜莉安（Miriam）
她示範了涓滴改善之道在感情生活裡的強大力量

秉持大愛去做小事……重點不是我們做了多少事，

而是做的時候投入多少愛。

重點也不在於我們為他人付出多少，

而是付出的時候投入多少愛。

對上主來說，凡事都不是小事。

——德蕾莎修女（Mother Teresa）

目錄

小步驟，大躍進

【推薦序二】

更快、更好、更便宜，扎扎實實的改善之道！

我教上班族下班後做斜槓，有一條鐵律：做有獨特性的項目。因為上班族沒有資金做廣告宣傳，而獨特性是最大的廣告，唯有獨特才會被看見。

但是這也把大家給困住了，怎麼想出有獨特性的項目呢？當然，我有工具可以教他們！即使如此，到最後我還會歸納整理出三個經典的獨特價值：更快、更好、更便宜。三者當中具備兩者，基本上就可以在市場上屹立不搖、東方不敗，

這三者要怎麼做到？就是靠不斷地改善！這是一個日積月累的功夫，唯有如此才能精益求精，保持競爭的優勢。改善，聽起來不如創新那般閃耀，卻是每個人每天必須扎扎實實去做的蹲馬步。

創新，可遇不可求，不少是要靠運氣；改善，100%可以掌控在自己的手上，它才真正是我們每個人必須擁有的能力。當我們把創造好運氣變成一種可控的能力，也是邁向成功的開始。

洪雪珍，斜槓教練

【推薦序二】

零碎時間X簡單行動，無痛升級人生！

你通常拿到一本書會花多久看完呢？一個月、兩個月，還是半年呢？如果我跟你說只要兩個小時，你相信嗎？我們多數人的閱讀速度，一分鐘平均五百字，這本書總共有六萬三千五百七十九字，等於需要花一百二十七分鐘，差不多就是兩小時的時間。如果你每天很忙，只能靠通勤時，只有半小時可以閱讀，那麼你四天就能讀完這本書了，有沒有發現，原來閱讀一點也不困難。

所以，零碎時間外加簡單行動，能夠創造你意想不到的收穫，這本《涓滴改善富創巨大成就》將要把改變的祕密告訴你，幫助你無痛升級人生技能。

鄭俊德，閱讀人社群主編

前言

一條不會失敗的路

「改變難如登天！」

認爲事實如此的人實在太多了，多到我們不會質疑這樣的觀點是不是千眞萬確。然而，我們將改變視爲難如登天的原因，倒是相當實在。想想我們的新年目標吧，幾乎全部都落空了。美國人平均連續十年訂立相同的目標，不曾成功。這些目標不到四個月便有二十五％被打進冷宮。而成功實現新年目標的人，通常是前幾年都達成不了信誓旦旦的新年目標，直到五、六年之後才總算如願以償。

在商業界，企業改組也是一致公認的難題。熱門的商業書籍爲經理人獻策，教導他們如何迅速有效地消弭員工的抗拒心態。往往，這一類的書籍會寫成商業寓言，以簡單的故事情節與可愛的動物傳遞訊息。有些會成爲暢銷書，例如約翰．科特（John Kotter）的《冰山在融化：在逆境中成功變革的關鍵智慧》（*Our Iceberg is Melting*）便一語道破這一類書籍的主流概念：務必讓員工相信事態緊急（威脅來啦！）員工才會願意作一些改變。

然而，事實與一般人的想法恰恰相反，無論是在生活中或職場上，不見得都要費盡千辛萬苦才能改變。也不是只能祭出恫嚇的手段來震懾自己或同事，才能把人嚇得採取有益的行動。你即將看到的內容，將會打破改變難如登天的迷思，有效化解恐懼的障礙，讓個人與工作團隊可以實現各自追求的成果。你將會明白，不是只有火燒屁股，我們才會豁出去改變。

本書會告訴你，如何將涓滴改善（kaizen）[1]的力量納爲己用：**以小小的行動，成就大大的目標**。涓滴改善是淵遠流長的道理，而《道德經》鏗鏘有力的「千里之行始於足下」，一句話總結了涓滴改善的精神。儘管涓滴改善來自古老的哲思，但在忙亂的現代生活中，卻一樣實用且靈光。

涓滴改善有兩種定義：

- 以小之又小的行動，改善一個習慣、一項流程、一種產品。
- 善用微不足道的小細節，發想新的產品與發明。

1 Kaizen 是日文，漢字是「改善」，為行文方便，譯者加上符合 Kaizen 精神的涓滴二字，取涓滴之流雖然微小，日積月累卻可以匯流成滔天巨浪，橫掃一切之意。

我會讓你看見，當你順從大腦的偏好行事，改變根本毫不費力。你會從大量的實例及故事，見識到小小的行動，如何將你最遠大的夢想化為現實。涓滴改善可以用在矯正惡習，例如抽菸或飲食無度，還可以拿來建立良好習慣，像是運動或激發創意。而在職場，你會學到如何激勵員工，才能讓他們上緊發條，自立自強。但首先，我們要檢視幾個關於改變的常見迷思，瞧瞧涓滴改善如何能破除我們長年累月的自我設限。

關於改變常見的迷思

迷思一：改變很難

我們只用一個例子說明改變可以很簡單，只需要少許的時間、自制力或紀律就能辦到。幾項近期的研究發現，大半時間都坐著的人比較容易心臟病發，甚至會提高早逝的風險。有點弔詭的是，梅約專科醫院（Mayo Clinic）的研究卻發現，每天上健身房運動一小時，並不能降低每天坐著六小時以上所衍生的健康風險。

乍看之下，這顛覆了我們對運動的所有認知。但問題不在於運動，而是**長時間的靜態生活**。我們坐著時，肌肉會處於休眠狀態，以致於負責分解血液中一部分脂肪的攜（稱爲KK1）被身體關閉。不僅如此，我們的代謝率與優質膽固醇的製造率都會下跌。其實這些驚人的發現，背後的道理在於人體需要向下流動的重力。少了重力，便會拖累心臟，血流量因而減少，肌肉開始萎縮，甚至損及骨骼的質量。

要化解這種可怕的景況，便要靠**涓滴改善**。你只要從坐姿站起來，代謝率便會翻一倍。起身之後，即使只是稍微散個步，已經翻倍的代謝率還會再翻不止一倍。這個故事告訴我們：**消弭久坐的健康危機並不是靠每天在健身房運動足足一小時這種難以駕馭的大工程，而是類似舉手之勞的小小行動**。每隔一個鐘頭左右便從桌子前面站起來，走一走，甚至是東摸摸西摸摸，都能提振身體的機能。

在崇尚「大即是好」的文化中，我們追求 IMAX 電影、[2]超大分量的餐點、極端的大改造，我們很難相信小小的行動可以累積成巨大的改變。然而美好眞相卻是如此。

迷思二：行動規模決定了成果大小，想要豐碩成果，就得要大刀闊斧。

許多商業文章暢談社會普遍認同的觀點，主張企業不是賭一把小的（採取漸進式的改變，比方說涓滴改善鼓吹的這一種），就是賭一把大的（亦即創新變革），而創新才能保住企業的命脈，並揮灑創意、獲得成長。我們在個人生活上也是如此，我們經常賭一把大的，花大錢去創新，比方說，速效的飲食法或高強度的運動計畫，冀望滿載而歸。但極端的飲食與運動計畫多半以失敗告吹，因爲那需要強大的意志力作後盾，而意志力往往撐不久。

有鑑於此，多年來，美國心臟協會（American Heart Association）建議民眾一天運動三十分鐘，每週至少五天。在我認識的人當中，沒人有那種時間（也沒有那麼慷慨的老闆），可以完成美國心臟協會建議的運動量。在忙碌的上班日，誰有那個閒工夫驅車前往健身房，換上運動衣，做完運動，淋浴更衣，再開車回公司加班？

而梅約專科醫院的研究則顯示，整天不時動一動的成效就相當不錯。研究人員請受試者配戴計步器，追蹤他們的活動量，發現身材精瘦卻從來不進健身房的人，只是不時多活動一下筋骨罷了。他們會在講電話時走來走去，將車子停在距離商店大門遠一點的地方，站著的時間也較長，而體重過重的受試者則不然。**稍微移動一下的生活方式，平均一天便多消耗三百卡路里，一年下來，便是十三．六公斤的體重差異。**

2 全稱為 Image MAXimum，意指最大影像，為一種能夠放映比傳統底片更大和更高解像度的電影放映系統。

那涓滴改善的概念要如何用在這裡？雖然多做一點運動總是比較好，少量的活動依然有其效益。一項以四十一萬六千位台灣地區成人爲對象的研究發現，**每天運動十五分鐘的人，壽命比運動量低於十五分鐘的人多活三年**。而且這十五分鐘的運動還不必一口氣搞定！一次運動三分鐘，直到積滿十五分鐘或更久，健康效益就很顯著了。而這樣的運動策略，並不會消耗大把的時間、精力、意志力，也不用太有紀律。你待會可以翻到第一章，參閱我的個案茱莉的故事，她是扛著千斤重擔的單親媽媽，卻照樣在百忙之中找到運動的空檔。她運動計畫的第一步非常簡單，毫不痛苦，因此茱莉**知道自己不可能失敗，這便是涓滴改善的實踐方式**。

迷思三：涓滴改善的收效慢吞吞；創新比較快。

關於濫用創新策略的案例，原本將涓滴改善視爲企業精神的豐田汽車（TOYOTA），大概得到最驚人的教訓。第二次世界大戰結束之後，豐田汽車大半時候都是生產優質汽車的典範。消費者選購豐田汽車不是因爲喜愛車款的設計，也不是圖一份尊榮感，而是衝著豐田所向披靡的可靠品質。然而在二〇〇二年，豐田汽車的高層認爲打造品質最高、利潤最豐厚的汽車還不夠，他們要成爲世界最大的汽車製造廠，而他們也如願了。他們飛快地興建工廠，提高產能，僅僅六年的工夫，產量便大大增加了三百萬輛汽車。但過度追求生產力的代價很高昂：供應商無法維持豐田引以爲傲的高品質，新廠也來不及建立涓滴改善的企業文化。結果召回超過九百萬輛的汽車，招徠惡評也是剛好而已。以下，便是這場危機曝光之前的內部備忘錄：

我們在那麼多地點，由那麼多人製造那麼多汽車。我們最擔心的是公司照這樣子成長下去，我們會無力維持涓滴改善的紀律。

——鈴木昭夫（Teruo Suzuki），人力資源部總經理一段時日後，豐田汽車察覺他們捨棄了涓滴改善，沒有實踐公司的大原則。經歷這場危機之後，豐田放慢了生產速度，提高美國當地管理階層的品管責任，以涓滴改善的企業文化培訓新的員工。豐田回歸重質不重量的企業目標，講求一旦在製程中發現瑕疵，便要**趁著瑕疵仍然微小、容易彌補的時候，加以修正**。就這樣，豐田重建了品質精良的聲譽。

從這一則企業故事，可以清楚看出以涓滴改善的方式所建立的習慣，爲何可以延續一生一世，協助一個人或一支工作團隊避免採取太激進的行動，以免事後反省才察覺自己力有未逮，得承受痛苦的下場。

涓滴改善的精神層面

在邀請各位進入本書的旅程、體驗涓滴改善的力量與潛力之前，我還想討論另一個在「精神層面」的議題。此處說的精神層面，並不侷限在對上帝的信仰，而是指擁有人生目標，生活豐富充實。**涓滴改善是一種處世之道或說信念系統，也是協助你順利改變或強化某些行為的策略**。經營精神層面或人生目標涉及了兩項要件：服務與感恩。對於這兩項要件，涓滴改善都扮演了核心角色。加州大學洛杉磯分校（UCLA）傳奇籃球教練約翰·伍登（John Wooden）說得好：「要度過完美的一天，免不了要爲永遠不能回報你的人做點什麼事。」其他的傑出人士也談到服務的基本要素：

> 生命最持久不變也最迫切的問題是：你在為別人做什麼事？
>
> ——馬丁·路德·金恩（Martin Luther King Jr.）3

> 讓每個你遇見的人在離去時，狀態都比來的時候更好、更歡喜。
>
> ——德蕾莎修女 4

將涓滴改善應用在商業界時，服務更是根本要件。在奉行涓滴改善的企業文化中，每位員工都要天天尋找改善工作流程或產品的方法：降低成本，提升品質，而且永遠——再說一遍，是永遠——為顧客效勞。亞馬遜（Amazon）、星巴克（Starbucks）、西南航空（Southwest Airlines）等成功企業，往往宣告自己的企業是以服務為中心。正如西南航空的前執行長珂琳·巴瑞特（Colleen Barrett）所言：「我們從事的是服務業；只是我們的服務項目恰巧是航空運輸。我們將員工當作最重要的顧客，其次是我們的乘客，再其次才是我們的股東。」**涓滴改善的要求是每一項微小的改變，都要造福顧客**。

約翰·伍登、德蕾莎修女、馬丁·路德·金恩說的正是在日常生活中找機會，在小地方照顧別人的生活。請回想你最近一、兩天的生活：所有與你互動的人、與你住在同一個屋簷下的人、路上其他車輛裡的人、在餐廳或雜貨店裡服務你的人、你在某棟大樓走廊上遇到的人，以及與你通過電話的人。如果你改變一、兩個作法，便可以百分之百改變他們那一天的心情，甚至可以改善他們的生活，你會不會換個作法？幾乎每個人都會。

如果我說只要讓一位駕駛超你的車、向售貨員說一句謝謝、對走廊上某個人微笑，你便能夠改變他們的人生，你會相信嗎？當然不會信，但你也只能假設小小的事件、小小的善行可以觸動別人的生命，以此度過你的每一天，否則你還能選擇怎麼想？

總有一些人際關係，是我們認爲有必要創新改善的關係：這些人是我們生命中的重要人物，在我們狀態好的時候，我們會給予他們應得的溫情與體貼。你要如何擴展那一份寬厚，才能滋養我們的心靈，造福鄰里？

感恩常常被視爲精神生活或人生目標的要素。但我們要對什麼感恩？創新改革必須帶來金錢收益、升遷、財物，才能點燃感恩之火。然而，**涓滴改善則是邀請我們對健康、對下一次呼吸、與朋友或同事共度的時間表達感**

---

3 美國牧師，主張以非暴力的公民抗命方式爭取非裔美國人的基本人權，是民權運動領袖，一九六四年諾貝爾和平獎得主，於一九六八年遇刺身亡。

4 天主教修女，一生扶困濟貧，一九七九年獲頒諾貝爾和平獎，二〇一六年被天主教教會封為聖人。

恩。知名的作曲家華倫・澤馮（Warren Zevon）在癌症末期時，脫口秀主持人大衛・賴特曼（David Letterman）問他從生病之中領悟到什麼智慧，澤馮的回答完全體現了涓滴改善的精神：「享受每一份三明治。」

我在下方列出了幾則關於服務與感恩的名言，供各位開始探索涓滴改善之道：

> 我期許自己做到高貴的大事，但我的主要責任是將小事當作高貴的大事一樣做好。
>
> ——海倫・凱勒（Helen Keller）[5]

> 我們一定要學會快樂地活在當下，連結當下便已經存在的和平與喜悅。
>
> ——一行禪師（Thich Nhat Hanh）[6]

不要汲汲營營於追求成功，要追求價值。

——亞伯特・愛因斯坦（Albert Einstein）[7]

我情願後人給我的評價是「他活出了貢獻良多的一生」，而不是「他死的時候很有錢」。

——班傑明・富蘭克林（Benjamin Franklin）[8]

---

5 美國傳奇人物，因病喪失視力及聽力，進而失去語言能力，後來學習點字與手語，克服殘疾，成為盲聾教育家。

6 生於越南，是佛教臨濟宗第四十二代傳人，在法國建立禪修道場，並在世界各地宣揚佛法與著作等等。

7 生於德國，擁有美籍與瑞士籍的數學家與物理學家，發明相對論，是一九二一年的諾貝爾物理獎得主。

8 美國開國元勳之一，具備政治家、科學家、報人、記者、作家等等身分，還發明了避雷針。

Notes

導論

一小步的力量

長久以來，日本企業奉行溫和的涓滴改善原則，
來達成企業的目標，保持卓越。
現在，這項優雅的策略也可以為你所用，
協助你實現個人的夢想。

心理學與醫學主要是鑽研爲什麼人會生病，或是爲什麼人無法好好地應付生活。然而，在我身爲心理學家的職涯中，我總是對失敗的反面好奇不已。若是有人節食減肥五公斤又沒有復胖，我會想要追根究柢。若是有人在情路坎坷多年之後覓得眞愛，我會想知道這人是用了什麼策略，才讓幸福臨門。若是一家企業獨占業界鰲頭五十年，我會想了解是什麼樣的人性決策，開創出如此耀眼的成功。因此，我的專業生涯始終繞著兩個問題打轉：

- 人如何成功？
- 成功的人又是如何保持成功？

當然，成功的方式多如繁星，就如同成功的人士多如繁星。但執業三十二年來，我心滿意足地看到數不清的當事人，以一種不尋常的作法創造持久的改變。他們憑著一套簡單的原則，便改善了生活的各個層面。他們減輕了體重（沒有復胖）；開始運動（且持之以恆）；戒除癮頭（斷根）；建立深厚的感情關係（長長久久的那一種）；做事有條不紊（即使事情很多，也不會又亂成一團）；提升了職場表現（即使績效評鑑報告歸檔許久，照樣能拿出亮麗的成績）。

如果你想要改變——我說的是持久的改變——那我希望你繼續讀下去。這種方式其實是公開的祕密，已在日本企業界流行數十年，也是世界各地成功人士的日常。以這種技巧來達成目標、保持卓越，可說毫不勉強，重點是身段還可以優雅。即使在最繁忙的行事曆中，都有實施這種作法的空間。我會在本書中，為各位介紹這套實證有效的策略。

但首先，我要各位先會一會茱莉。

茱莉坐在診間裡，眼睛盯著地板。她因為血壓高及疲憊感，前來加州大學醫療中心就診，但家醫科的住院醫師和我都明白她的問題沒那麼簡單。茱莉是失婚婦女，兩個孩子的母親，她承認自己有一點點抑鬱，感覺壓力大到她吃不消。她最多只能找到杯水車薪的援助，工作也岌岌可危。

年輕的住院醫師跟我都很擔心茱莉的長期健康。她的體重（超重十三公斤以上）與高漲的壓力程度，都令她更容易罹患糖尿病、高血壓、心臟疾病和重度憂鬱。顯然，茱莉再不改變現狀，便會病痛纏身，陷入絕境。

我們知道一個能夠幫助茱莉的方法，價格低廉又有效，而且不是靠一瓶瓶藥物，也不是長年累月的心理治療。如果你平時會閱讀報紙或收看新聞，大概猜得到我在說什麼：運動。規律的運動可以改善茱莉的大部分的健康問題，增強她的體力，讓她更能夠挺過辛苦的日子，同時可以提振她的精神。

以前，我或許會祭出剛信教的那種狂熱，端出免費又有效的運動療法。我或許會說：去慢跑！去騎單車！租一支有氧運動的影片！假如有必要，就利用妳的午餐時間，不然就提前一小時起床，總之爲了妳的健康，妳要下定決心，一週運動五次！但見到茱莉眼底的黑眼圈，我心都涼了一半。我們應該已經叮囑過幾百位病患去運動了，卻沒有幾個人養成運動的習慣。他們覺得運動太耗時、會流汗、太費事。我相信他們絕大多數人，也害怕打破安逸的老套路，只不過並非每一位病患都察覺到自己的恐懼。至於坐在診間裡的茱莉呢，她幾乎總是在工作，只爲了保住孩子們的棲身之所，讓他們保持得乾乾淨淨，且能夠溫飽。她唯一的慰藉，便是每晚可以癱在沙發椅上，放鬆半個小時左右。我料得到接下來的事：醫生會交代她做運動，茱莉會覺得自己不被理解（「我哪裡擠得出運動的美國時間？你們根本不了解我的處境！」），同時感到愧疚。當年輕的住院醫師見到茱莉一再地無視醫囑，會很挫折——或許還會憤世嫉俗起來，許多滿懷期望的年輕醫師最後都會那樣。我該如何是好，才能打破這種悲哀的循環？

創新，向高峰挺進

人想要改變的時候，第一個策略通常是創新（innovation）。對於創新一詞的意義，一般人大概會想到創意方面的突破，但本書援引的是商學院的定義，商學院對於成功與改變，都有一套明確定義的用語。根據商學院的定義，創新是指締造改變的激烈過程。最好，是在極短暫的時間內完成，且帶來巨大的效益。創新是迅捷、盛大、顯著的，講究以最短的時間獲取最豐碩的成果。

或許這對你來說是新的詞彙，但詞彙背後的概念你應該相當熟悉。在企業界，創新的實例包括施行極度痛苦的策略，諸如大幅裁員以提升利潤；也有較正向的作法，諸如大手筆地投資昂貴的新科技。創新採用的劇烈改變，也是締造個人改變時最受歡迎的策略。假如茱莉決定以創新的策略解決體重問題，她大概會使用前文說的魔鬼運動計畫。要執行那樣的運動計畫，就得顛覆原本的生活。她必須一週五次，讓心跳加速至少半小時。她必須要有重新安排行程的紀律，在運動初期必須調適嚴重的肌肉痠痛，可能必須撥出添購新衣或鞋子的預算，最重要的是，她必須堅守新的運動計畫，捱過一開始那幾週或幾個月的辛苦。

關於個人改變的創新範例還有：

- 執行新的飲食方式，立刻禁絕所有自己愛吃的食物。
- 「一口氣」戒斷一個癮頭。

- 進行嚴苛的省錢計畫，以減輕個人債務。
- 為了克服害羞，縱身投入高風險的社交情境中。

有時，創新的效果卓著。我們大概都曾經以這一類的劇烈手段改變自己，而且多數人都想得起某個成功的經驗，記得立竿見影的收穫。或許，你還能以當之無愧的自豪，描述你在個人生活上的創新經歷，諸如你在某一天戒除香菸，從此沒有再抽過菸。

我同意創新是一種改變的方式……但只限成功的時候。在一眨眼間翻轉人生，是建立自信與自尊的活水源頭之一。可是，我也觀察到許多人因為相信創新是改變的唯一方法，以致寸步難行。我們會一拖再拖，不願意正視問題或挑戰，直到礙於大局或迫於無奈，才會採取大動作，設法力挽狂瀾。假如大動作緩解了狀況，我們便得意洋洋，而那也是實至名歸。但萬一我們中箭落馬，隨之而來的痛苦與難堪便可能讓我們心情低落不已。

即使你擁有鐵的紀律，是所謂的成功人士，我敢打包票，你一定記得許許多多創新失敗的往事，也許那是無效的速效飲食，或是你試了昂貴的感情「萬靈丹」（比如臨時起意的巴黎之旅），戀情卻依然病入膏肓。這便是創新的問題所在。往往，你會在短時間內得到成果，可是一旦你在一開始時噴發的熱血消退，便會打回原形。激進的改變就像衝上險峻的高山——你可能還沒登頂，便已經上氣不接下氣，或是因爲想到了前方還有多少的艱辛路程，才剛剛上路便舉了白旗。

其實還有創新之外的路可走。這是截然不同的另一條路，這條路曲曲折折地緩慢向上，坡度小到你幾乎不會注意到自己在爬山。這一條路線有宜人的風景，走起來又輕鬆。你只要一步一步地踏出步伐就行了。

歡迎來到涓滴改善的世界

另一條改變的蹊徑稱爲涓滴改善（Kaizen）。以下這一句耳熟能詳卻有力的話語，道盡了涓滴改善的精神：

千里之行始於足下。

——老子，《道德經》

涓滴改善即是一小步一小步地持續改善，儘管這是來自日本的詞彙，但第一個系統化施行涓滴改善的國家，卻是大蕭條時代的美國。當法國在一九四〇年敗給納粹德國，美國的領導階層察覺同盟國亟需美國輸出軍事裝備。他們也不得不正視，可能不久後便要將美國大兵送到海外作戰，美軍必須有自己的坦克、武器與補給品。美國廠商必須提高生產設施的產能及產量，而且速度要快。然而，雪上加霜的是，製造廠失去了許多合格的工廠主管，因爲那些人都投效軍戎了，美軍正在忙著備戰呢。

爲了克服十萬火急的時間與人力吃緊的侷限，美國政府創立了一系列的管理課程，稱爲「業內訓練」（Training Within Industries, TWI），提供給全美國的企業。其中一門課程的內容，其實便是在另一個時空地點的涓滴改善雛形。業內訓練課程勸誡管理階層不要爲了達成要求，而訴諸激進、創新的改變，反而鼓勵他們追求課程中所說的「持續改進」。講義裡敦促經理人「**找出你能改進的幾十個、幾百個小地方。別想著要如何讓整個部門改頭換面，也不要大舉裝設新的設備。現在沒有大改造的時間，以你們現有的設備，改善現有的職務表現。**」

愛德華茲．戴明（W. Edwards Deming）博士是當時最大力倡導持續改進的人士之一，他身為統計學者，在一支品管團隊裡工作，協助美國廠商在戰時找到立足點。戴明博士指示企業界的管理階層，要讓每一位員工參與改善的過程。在緊迫的時間壓力下，菁英主義與高高在上的態度已是企業界承擔不起的奢侈行為。他鼓吹從最底層到最高層的每一個人，都要思考如何從小地方，提升產品的品質與生產的效率。工廠在生產現場設置意見箱，以便生產線上的工人提出改善生產效能的意見，主管則必須正眼看待每一條建議。

起初，以當時的大環境，這一套辦法乍看之下想必是非常不像樣的，但不知怎地，這些小小行動積沙成塔，使美國工廠的產能三級跳。美國軍備的品質與生產速度，是同盟國取得勝利的兩項重大因素。

每天改善一點點，早晚會累積成大躍進。每天都改善自身的狀態一點點，久而久之，你的狀態便會大有改善。不是明天，不是後天，而是遲早有一天會大有進展。不要尋求巨大且快速的改進。尋求小小的改善，用心活在當下。唯有如此，才能得到重大的改善——這樣的改善一旦出現，便會長久延續下去。

——約翰．伍登，美國大學籃球史上最成功的教練之一

以小小的行動改善情況的這一套辦法，是在戰後引進日本，當時道格拉斯．麥克阿瑟（Douglas MacArthur）上將的駐日軍隊，開始重建殘破的日本。如果你很熟悉日本企業在二十世紀末叱吒風雲的英姿，大概會很訝異在戰後有許多經營慘澹的日本企業，管理方式敗壞，員工士氣也委靡不振。麥克阿瑟上將察覺到日本企業想要重振必須改善效率，提升商業標

準。如果日本的經濟能夠欣欣向榮，對麥克阿瑟最有利，因爲強健的日本社會可以形同堡壘，一邊擋住北韓這個潛在威脅，一邊穩定地供應補給品給麥克阿瑟的軍隊。因此，他將美國業界訓練的專家團隊請到日本，包括強調務必要從日常的微小行動開始改變的專家。就在麥克阿瑟大力倡導小小行動的時候，美國空軍在日本當地的基地附近，爲日本企業開設了管理監督的課程，稱爲「管理訓練教育方案」（Management Training Program, MTP），課程的教條與戴明博士團隊在戰爭初期時主張的教條，簡直如出一轍。成千上萬的日本企業經理人都參與了研習。

日本人對這一套觀念的認同程度，超乎尋常。他們的工業基礎毀了，也缺乏全面重建工業的資源。此外，日本企業的領導階層也曉得日本戰敗的原因之一，正是輸給了精良的美國設備與技術，因此他們認眞聆聽美國人傳授的生產製造課程。課程主張要將員工視爲資源，讓員工協助創意發想及改善產品。敞開心胸聆聽下屬的想法對日本人來說是很陌生的觀念（一如從前的美國人），但修完課程的人照辦了。結業的企業家、經理人、主管們回到民間企業服務，興奮地傳揚小小行動的福音。

在美國，當大兵們返回故鄉，工廠生產恢復常態之後，戴明博士改進製程的策略便差不多都被拋諸腦後了。但是在日本，戴明博士提出的概念已完全融入蓬勃發展的日本企業文化中。在一九五〇年代晚期，日本科學技術聯盟（Japanese Union of Scientists and Engineers, JUSE）邀請在戰爭期間倡導品管的戴明博士主持講習，向他深入諮詢日本的經濟效率與產出的相關議題。各位大概都知道了，日本企業遵循小小行動的原則，在這項基礎上重建自身，不久，他們的生產力便飆漲到聞所未聞的高度。小小行動實在太厲害了，於是日本人便爲這種作法取了個名字：**涓滴改善**。

涓滴改善與創新的差異

涓滴改善與創新是我們締造改變的兩大策略。創新是翻天覆地的劇烈改造，而涓滴改善只要求你採取可以從容完成的小小行動，一點一滴地改善情況。

在一九八〇年代，涓滴改善又紅回美國，主要用於非常精密的商業用途。我最初是以企業顧問的身分，見識到涓滴改善在企業界的應用；我長年鑽研成功之道，不禁對這一套哲學好奇起來，開始更深入地研究箇中奧妙。時間一晃數十年，如今我已經探索過如何將涓滴改善的小小行動，用在追求個人的成功。由於我在臨床工作上會接觸到各別的個案，又在加州大學醫學院教書，時常會接觸需要改變生活的人，他們或許要戒除一項惡習，或撫平寂寞，或是告別差強人意的工作。我輔導企業的時候，基本上便是在提供協助給陷入水深火熱的企業主管。一遍又一遍，我見到大家勇敢地進行創新計畫，試圖改善現況。有少數的人如願以償，但大部分人失敗了。往往，受挫的人會棄甲投降，接受生命頒發的安慰獎，不再追求自己眞正的抱負。在協助企業的過程中，我接觸到涓滴改善在企業界的施行的成效，我不禁尋思起能不能將涓滴改善的原理，應用在心理輔導的領域，涓滴改善或許不是只能拿來協助企業追求利潤成長，也可以拿來協助像茱莉這樣的普通人，拓展他們的行爲、認知方式，乃至精神層面的潛力。

小步驟，大躍進

我覺得茱莉最適合以最細微的幅度，展開最不嚇人的改變，她是進行涓滴改善的最佳人選。我望著茱莉，她正等著聽住院醫生怎麼說。正如我所料，住院醫師告訴她，挪出時間做一些運動對她非常重要。我知道醫師接下來會交代茱莉，幾乎每天都要做至少三十分鐘有難度的有氧運動。這樣的建言，大概只會令茱莉不以為意，甚或挑起她的憤怒。就在這個節骨眼上，我出面介入了。

「如果只是在電視機前面原地踏步，一天一分鐘，妳覺得如何？」

住院醫師一臉難以置信地瞪著我。

但茱莉臉上的愁雲消散了一些。她說：「這倒是可以試試。」

茱莉回診的時候，她說自己每天晚上，一定會在電視前方踏步一分鐘。的確，區區六十秒的低強度運動無法改善她的健康。但在回診時間裡，我注意到茱莉的態度有了轉變。實在有太多的病患因為沒有運動，在回診時垂頭喪氣，而茱莉相形之下較有活力，言談舉止比較不會拒人於千里之外。

「還有什麼一天一分鐘的活動，是我可以做的？」她想要知道。

我開心極了。對，這只是小小的勝利，但我已經看過太多完全心灰意冷的病患，茱莉的狀況比他們強多了。我們開始引導茱莉，協助她慢慢建立健康的生活，一分鐘一分鐘地培養她的運動習慣。不出幾個月，茱莉發現自己的抗拒心態消失了，她不再排斥比較完整的運動規劃。現在她迫不及待地想去做全套的有氧運動——她熱血地、規律地做運動了！同時，我持續以涓滴改善的觀念，輔導醫療中心的其他病患、來到我心理諮商門診的個案，還有請我擔任顧問的企業。而且我倡導的作法，是從眞的很微小的步驟做起，小到一開始根本微不足道。與其鼓勵個案離開不理想的工作，我可能會請他們每天抽出幾秒鐘，想像一份夢幻工作的細節。如果病患想要戒除咖啡因，我們會從一天少喝一口咖啡因飲品起步。而氣餒的經理人增加員工幹勁的實際作法，可能會是讓獎勵縮水，而不是提供豐厚的獎賞。

在個人生活裡以這種方式進行涓滴改善，改變了涓滴改善的性質。企業界採取涓滴改善的小小行動，通常是爲了積少成多，締造重大的轉變。然而人類的心理機制卻不太一樣。其實，有數量驚人的個案，一眼便看穿了我觀察了許多年才明白的事實：**輕微的改變能幫助我們繞道而行，避開在心裡阻斷成功與創意的恐懼**。正如同新手駕駛在空蕩蕩的停車場練車，一開始只是坐在車上，摸摸弄弄地嘗試操作，一次只練習開車幾分鐘；而我的個案也是在安全無虞的環境下，學會了以最微小的行動改變自己。

往往，大家會發現內心開始渴望執行新的行爲，比如按時運動（如茱莉的案例）、節制飲食、清理桌面、將時間用在會溫暖扶持你的人身上，不再跟惡劣的人糾纏不清。最後，我的個案會驚訝地發現，他們根本沒有付出額外的心力，便達成了目標。這是怎麼回事？我相信，**涓滴改善在大腦建立新神經連結的成效絕佳**，我會在下一章進一步說明細節。就像某一位個案常對我說的話：「行動小到我不可能失敗！」

由於絕大多數人都想要改善自己的健康、感情或工作，本書將以大量篇幅討論這些主題。但我在此列出的原則能夠套用在任何改變之上，不論你的目標是終結咬指甲的不良習慣，或是拒絕那些占用了你大量時間的無理要求。希望你在盤算著如何改變自己的時候，別忘了小小行動的哲學是爲了什麼目的，才應運而生的。用涓滴改善實現某個特定的目標，是輕鬆又實證有效的策略，但涓滴改善也適用於更大的挑戰：**以持續不輟但總是微小的改善，順應人生中不得不面對的無常變動**。

數十年來，我輔導過各界人士，他們各有各的強項與需求，我從這些經驗歸納出了爲什麼涓滴改善可以奏效，而其餘辦法都行不通的原因，相關內容放在第一章。而之後的幾個章節，則會介紹涓滴改善的個人應用，含括六種不同的應用策略。這些策略是：

- 詢問小小的問題——以驅散恐懼、激發創意
- 觀想小小的念頭——連一根手指都不必動，就能開發新的技能與習慣
- 採取小小的行動——而且保證成功
- 解決小小的問題——即使你置身在排山倒海的危機之中
- 給予小小的獎勵——鼓勵自己或他人促成最佳的結果

✔ 留意小小的細節——正視他人都忽略卻至關重大的小細節

無論你對涓滴改善的興趣是想要了解它的概念，還是有現實上的理由，不論你想要改變世界還是想減掉幾斤肥肉，現在你都可以按照個人需求，自由運用這本書的方法。當然，除非你高興，不然前述的六種策略不必全部嘗試。見到我的個案採納一、兩個或三個策略，訂出獨樹一格的個人改善計畫，總是讓我感到寬慰。在後續的章節裡，我會說明大家如何混搭涓滴改善的各項策略，來追求個人想要的成果，請各位根據相同的大原則來思考，採用你最有共鳴的那幾條策略。每一章都會以「涓滴改善超強密技」這個單元說明某一項涓滴改善策略的作法，並且建議你因應你個人的狀況調整該項策略。

我要鼓勵你在看完內容後，嘗試一、兩項小小的行動，即使你作出的改變，只是一天抽出幾秒鐘，從另一個角度來看待同事，或者只是做一件芝麻綠豆大的荒謬小事，比如每天晚上用牙線清理一顆牙齒。只要記住：**這些行動或許微不足道，但我們在追求的目標可不小。**將生命用在珍重自己的身體、維護健康；將生命用在你的心之所嚮，承擔風險，在艱辛的工作上登峰造極；將生命用在追求美好的感情，與另一位人類共度；或是將生命用在持續提高你的個人標準，其實都是在為巨大的目標努力，這些目標往往難以企及，有時也很嚇人。但是，**眼前，你唯一需要做的就只是：踏出小小的一步。**

第一章

涓滴改善為何有效

改變總是很可怕，即使是正向的改變也不例外。
以劇烈手段來達成目標的企圖往往會落空，
因為那加深了內心的恐懼。
但涓滴改善的小小行動，
可以解除大腦的恐懼反應，
促進理性思考，讓創意得以發揮。

改變很可怕，不論是不痛不癢的改換（去全新開幕的夜店玩），或是會翻轉人生的改變（生個寶寶），我們都免不了會忐忑，這是人類的天性。對改變的恐懼深植在大腦的結構裡，一旦大腦被恐懼占據，便會阻斷創意，無法改變以獲得成功。

大腦天生抗拒改變

從演化的角度來看，大腦是人體內最不尋常的器官之一。其他的器官，諸如心臟、肝臟、腸道等都發展得非常完善，在人類漫長的演化史上始終不曾改變。但是在最近的四、五百萬年來，大腦卻持續發展、演化。現在，我們其實有三個不同的腦，各個腦是相隔大約一、兩百萬年才發展出來的。我們身為人類的挑戰之一，便是讓這幾個不同的腦和諧共存，以防罹患生理上或心理上的疾病。

位於大腦底部的是腦幹，約有五百萬年歷史，稱為爬蟲類腦（其實，外型真的很像爬蟲類的整顆大腦）。爬蟲類腦在早晨喚醒你，在夜晚讓你安眠，也讓你的心臟持續跳動。

在腦幹上方的是中腦，又稱為哺乳類腦，約有三百萬年歷史，所有的哺乳類動物都有這種大腦，只是形式各有不同。中腦調節人體內的溫度，是我們情緒之所在，掌管「戰逃反應」（fight-or-flight response），讓我們在危機之中保住性命。

第三個大腦是皮層，約在一百萬年前發展出來。皮層包覆大腦的其餘部分，負責我們生而為人的奇蹟。文明、藝術、科學、音樂都是皮層的傑作。我們的理性思維與靈光一閃的創意都得靠皮層的運作。想要改變，想要激發創意，我們都得使用皮層。

這種三腦的架構並不總是運作順暢。理性腦吩咐我們去減肥——我們卻一口氣嗑掉一包洋芋片。或是要為新案子提出創意的發想——我們的腦子卻像剛鋪好的混凝土一樣，一片荒蕪。

當你想要改變卻遇到阻力，通常是中腦在牽制你的行動。在中腦，有個稱爲杏仁體的結構。杏仁體關乎我們的生死存亡。它控制戰逃反應，是我們與其餘的哺乳類動物都會有的警報系統。其作用是在遇到急迫的危險時，通報其餘的身體部位採取行動。而它執行這項功能的作法之一，便是減緩或中斷那些會防礙我們逃命或戰鬥的生理機能，比方說理性思考與創意思維。

戰逃反應可是充滿學問。若是獅子都要撲過來了，大腦可不會希望你浪費時間，杵在那裡仔細思考眼前的情況。反之，大腦會乾脆關閉不必要的生理機能，例如消化、性欲、思考流程，以便讓身體直接行動。在千百萬年前，當我們與其他的哺乳類動物一起在叢林、森林、大草原上遊蕩，每次人類因爲脫離了安全又熟悉的常軌，陷入險境，這套機制便派上用場。既然我們的身體跑得不快，力氣又比不上會吃人的動物，視覺跟嗅覺也不夠靈敏，這樣的戰戰兢兢可是保命的關鍵。戰逃反應至今依然攸關我們的性命，例如，路上的車輛可能會逆向駛上你所在的車道上，或是遇上大火就可能需要逃出失火的建築物。

杏仁體與戰逃反應在現代的眞正問題是，每一回我們想要脫離安全的常軌，它都會警鈴大作。任何新的挑戰、機會或欲望，多多少少都會激發恐懼，這是大腦的機制。不管你面臨的挑戰是一份新工作，或者只是結識一位素昧平生的陌生人，杏仁體都會發出警告，要身體準備行動，於是大腦皮層的思考功能便會遭到限制，有時甚至被關閉。

還記得茱莉嗎？就是我那一位每晚在電視機前面踏步一分鐘的當事人？顯然，茱莉很擔心自己的健康，才會登門求診，但她揹負的龐大責任，導致其他比較幽微的恐懼冒出來，分散了她的注意力。她擔心會丟掉飯碗，擔心孩子們的安全問題，擔心自己不是好母親，後來她還承認，她也擔心要是沒有遵從醫囑，醫生會對她很失望。事實上，當她的前一位醫生要求她，每週都要做幾次強力的運動，害怕醫生會對她失望的恐懼，便跟她的其餘恐懼攪和在一塊——壓得她喘不過氣，根本沒法做任何運動。不僅如此，沒有遵從醫囑令她羞愧難當，便不再尋求醫療協助。於是，她便依賴起電視和垃圾食物，從中尋求慰藉。

你大概經歷過相同的情況，也就是在你爲了考試焦慮的時候。你愈相信那一場考試舉足輕重，認爲考試成績會決定你的未來，你便愈是膽顫心驚。接著，你會很難集中精神。前一夜還背得滾瓜爛熟的答案，似乎從你的記憶庫平空消失。

大目標↓恐懼↓皮層的運作受阻↓失敗
小目標↓迴避了恐懼↓皮層可以運作↓成功

有些幸運兒可以將恐懼轉化爲另一種情緒，亦即興奮之情，因此不會有恐懼的問題。挑戰愈艱鉅，他們愈興奮，生產力愈高，興致愈高昂。你大概認識幾個這種人。當他們察覺挑戰來了，便點燃了幹勁。至於我們其他人，巨大的目標引發我們巨大的恐懼。正如同我們在大草原上的祖先，大腦會限制皮層的運作，好讓我們逃離獅子——只不過現代的獅子是一張稱爲考卷的紙，或減重的目標，或尋找伴侶，或是達成業績。就在我們最需要創意與果斷行動的節骨眼上，這些能力都被打壓了！

涓滴改善的小小行動，是對治大腦這種特質的地下行動。你不必磨上幾年的時間進行心理諮商，剖析自己爲何不敢變得光彩亮麗，或爲何害怕去追求事業目標，你可以用涓滴改善的作法，繞過這些恐懼向前走。這正是茱莉的情況。做了幾週極少量的運動後，她很訝異地察覺自己在不需要運動時，竟然自動自發地做了運動。早期的那些小小行動，爲她建構出了享受改變的神經網絡。

涓滴改善協助你另闢蹊徑，反制你對改變的恐懼。當你感到害怕，大腦的設定是讓你逃跑或攻擊——有時這是不切實際的選項。假設寫歌是你長久以來的心願，若是你害怕從鋼琴的琴鍵前面走開或創意受阻，結果晚上只顧著看電視，你便不能實現夢想。微小的行動（比方說，只譜寫三個音符）可以滿足大腦想做點什麼的心理需求，又能撫平大腦的憂慮。等到警鈴安靜下來，你便可以重新啓動皮層，讓創意的泉源恢復流動。

微小行動如何讓你三級跳？

大腦的天生設定就是抗拒改變。但是，憑著一連串的微小行動，便能有效改寫你的神經系統，讓它做到以下的事項：

- 讓你「脫離」創意瓶頸。
- 迴避戰逃反應。
- 在神經元之間建立新的連結，讓大腦興致勃勃地主導改變的過程，帶著你向目標快速前進。

是壓力……還是恐懼？

我們面對新挑戰或重大目標時所產生的感覺，在現代醫學中稱爲壓力，但數不清的世世代代所使用的傳統名稱則是恐懼。即便是現在，我發現最有成就的人，同時也是可以凝視恐懼而不眨眼的人。他們不說焦慮、壓力、緊張之類的詞，而是侃侃而談著責任和挑戰令他們害怕。通用電子（General Electric）的前執行長傑克・威爾許（Jack Welch）曾說：「每個經營者晚上回家，都要跟同樣的恐懼搏鬥：我經營的公司會不會毀在我的手上？」卡通人物臭鼬佩佩（Pepé Le Pew）和威利狼（Wile E. Coyote）的創造者查克・瓊斯（Chuck Jones）則強調：「恐懼是任何創意工作的重要元素。」太空人莎莉・萊德（Sally Ride）不諱言地談及恐懼：「每個冒險犯難的人都很害怕，尤其是到全新疆域冒險的人。」

以前我很困惑，爲何那麼多的傑出人士偏愛的用詞是恐懼，而不是壓力或焦慮。直到某天我在加州大學醫學院工作，旁觀受訓中的醫師，才明白箇中原因。那時，我又在醫療中心旁觀家醫科住院醫師一整天的工作，看她如何診治因爲各種病痛不適，而向基層內科醫師求助的孩童與成人。我注意到前來求診的成年人在談論精神上的痛苦時，他們會選用壓力、焦慮、鬱悶、緊張、緊繃之類的詞彙。但是當我觀察那些談論心情的孩童，他們會說自己嚇死了、傷心、害怕。

依我的推斷，用語的差異跟症狀沒有太大關聯，主要是對生活的預設立場不一致。孩童認爲自己的感受是人之常情。孩童知道自己活在一個不受他們控制的世界。父母的心情好不好，老師的人好不好，都輪不到他們置喙。他們明白恐懼是生活的一部分。

而大人呢，我相信他們認爲凡事只要守規矩，便能夠控制身邊不出狀況。萬一恐懼依舊冒出來了，感覺上便很不對勁——因此成年人情願以精神疾病的用詞來稱呼恐懼。恐懼成了一種失調，必須貼上「壓力」或「焦慮」的漂亮標籤來歸類。

以這種方式來控制恐懼是無效的。如果你認爲只要妥善經營人生，一切便應該永遠秩序井然，必然會淪落到驚慌失措、挫敗的下場。如果你認爲新的工作、感情或健康目標，都應該輕鬆不費力，當恐懼浮上心頭，便會激起你的怒氣與困惑——而你會用盡辦法來驅散恐懼。我們甚至可能不會意識到，自己動用什麼誇張的絕望手段來消滅恐懼。有個耳熟能詳的笑話，精確地刻劃出這種常見卻毫無效益的現象：有個醉漢四肢著地，在街燈下面尋找汽車鑰匙。警察上前問他：「你在幹什麼？」醉漢口齒不清地回答：「我在找鑰匙。」警察繼續問：「鑰匙是在哪裡弄丟的？」醉漢說：「那邊。」同時指著街道的盡頭。警察搔搔腦袋說：「既然鑰匙是在那邊掉的，你怎麼會在這邊找呢？」醉漢答道：「因爲這邊比較亮啊。」

當生活變得可怕又困難，我們往往會冀望找到一條輕鬆的出路，最低限度也要是自己熟悉的解決方案，不願意踏進黑暗，讓自己置身在不舒服的處境裡，去尋求眞正的答案。於是，害怕親密感情的單身狗，可能會更換工作或居住的城市，賣命提升已經飛黃騰達的事業，也不願意硬著頭皮建立家庭，去體驗親密的感情。不願照顧自身健康的人，或是婚姻不幸卻置之不理的人，或許會添購新房或打造第二個家，並爲此付出全部的心力。缺乏自尊的人可能會沉迷於整型手術，或是進行速效節食與運動計畫，控管攝取的熱量和食物種類，卻不肯面對自己，正視他們有自我批判的性格。

勇氣是抗拒恐懼、駕馭恐懼，而不是沒有恐懼。

——馬克．吐溫（Mark Twain）9

但如果恐懼是你的意料中事，你便能夠慈悲看待自己的恐懼。當我們想要改變，理智未必能夠引導我們的行動，但恐懼卻可能從最平凡無奇的地方竄出來，記住這一點對我們不無小補。假設你最近兩週上班都遲到。一天早晨，你起床後作了非常理性的決定：今天就是我總算能準時進辦公室的日子。但你心裡可能藏著連自己都沒意識到的恐懼，比如害怕跟某位專橫的同事打交道，而這份恐懼絆住你的大腦，以致你多回了一則訊息或是又多洗一趟衣服，才終於踏出家門。總之，恐懼可以讓你破壞自己立意良善的決定，而自己卻渾然不覺。

這些都是改變時常見的障礙，別因此太愧疚或挫敗，甚至不再力求上進。跟自己打架是身爲人類必然會有的狀態；若是我們可以輕鬆控制行動，人類便會是溫和的物種，報紙的頭版新聞也會大不相同。因此，善用艱困的時光來記住，**恐懼是與生俱來的天賦，是要我們注意挑戰來襲。我們愈是關心一件事物，我們愈是懷抱夢想，恐懼愈容易現身**。從這種角度來看待恐懼，有助於減輕我們的煩亂。在艱難時刻，要明白恐懼很正常，是充滿抱負時會發生的自然現象，如此我們便更能保持希望與樂觀——有了希望與樂觀，我們會更願意採取小小的行動，繞過恐懼而行。不再因為上班又遲到了而對自己大肆批判，不會哀怨也認定自己就是不能準時到班，而是平和地接受恐懼的存在，了解恐懼對我們的影響。然後，我們可以鎮定地採取小小的行動，例如只是想像自己與那一位難相處的同事談笑風生。遲早有一天，這些小小的行動會在大腦建立新的習慣。在後續的章節中，我會詳細說明涓滴改善的小小行動如何展開。憑著小小的行動，我們可以面對恐懼，甚至轉化恐懼。

9 美國作家，著有《湯姆歷險記》、《乞丐王子》等。

Notes

第二章

詢問小小的問題

小小的問題可以調節心智的狀態，
讓創意與嬉玩的態度恣意流動。
詢問關於別人的小小問題，
可以引導那股創造力流向團體的目標。
詢問關於自身的小小問題，可以讓你站穩腳跟，
打造適合自己的改變計畫。

爲大腦「設定程式」的強效方法之一，便是運用涓滴改善的技巧，提出小小的問題。我首次運用這個概念的場合，是輔導一家製造商的主管們，我受聘協助他們改善績效低落的生產單位。我從旁觀察其中一個單位主管主持會議的現場實況，我們就稱呼他派翠克吧。派翠克非常激動地在員工前面踱來踱去，扯開嗓門劈哩啪啦地問：「你們每一個人要怎麼做，來讓我們公司成爲業界的第一把交椅？」這是派翠克的習慣，不論是在正式的會議上或沒那麼正式的聚會上，他都時常這樣子提問。

派翠克想要藉此激發部屬的責任感和榮譽感。他認爲自己是在灌溉部屬力量，讓他們能夠創造出大膽的創新產品與服務，同時大幅降低成本。但是員工卻僵在那裡。很顯然地，他們感到渾身不自在，眼睛盯著地板，在椅子上煩躁地動來動去。我注意到其中一位男性員工居然雙手顫抖，也不曉得他是嚇到兩手發抖還是在生氣。後來，我聽到員工們私底下的怨言：「派翠克還想要我們怎麼做？怎麼會叫我們提出新點子呢？那是他分內的事耶！我們現在的工作量已經夠重了！」派翠克只收到少得可憐的建議，諸如雇用更多人手來幫忙他們完成工作、購買新的設備來汰換過時的機具，全都是所費不貲又不切實際的作法，說穿了就是員工的牢騷。在派翠克第一次強力要求部屬們改善的三個月內，請病假的員工數目增加了二十三%。

我對派翠克說，我認同他向員工尋求新點子的基本策略。在日本的企業界，涓滴改善的根本原則是鼓勵員工爲公司保持警覺，公司因而得到降低成本的好點子，員工極爲投入工作，生產力提升。但是，**涓滴改善之所以有用，並不是因為瘋狂地改革公司，而是單純在很多的小地方下功夫**。我建議派翠克軟化他的語氣，還要調整一下措辭。在下一次開會時，派翠克便以平和的口吻詢問每一位員工：「大家想一想，有沒有能夠改善生產流程或產品的舉手之勞呢？」結果讓派翠克嚇了一跳，整間會議室裡的員工居然把頭傾向派翠克；當員工們思忖起這個稍微不一樣的問題，也不禁坐得挺一些，還參與了討論。

員工回應的質與量都大有起色。有一位員工當場發言。他注意到遺留在工作機臺的金屬碎屑都是在收工時直接丟棄，他覺得公司可以去找願意收購廢金屬的買家。（那家公司之後確實開始出售廢金屬。）另一位員工發現操作機具會犯錯的人，幾乎都是到職未滿六個月的新手。他自願每天撥出兩小時，訓練每一位新進員工，可以幫公司節省時間和金錢。（這項訓練達成了省時省錢的目標。）第三項建議是在一月一次的職工大會上先給員工五分鐘時間，讓他們公開感謝那些幫上大忙的同仁。這項建議立刻獲得採納，員工都非常喜歡，而同時也把這項作法也帶到了生產現場，直接當場稱讚對方，不再等到開會時才道謝。沒多久，員工的士氣和工作效率雙雙上揚。員工很滿意公司採用了自己的建言，改善了他們的例行公事，不僅如此，能實際參與公司決策、積極投入工作也讓員工普遍感到愉快。於是，他們請病假的天數下降到恢復正常。

這是怎麼回事？

我們的人生樣貌，取決於我們提出的問題、不願問的問題、沒想過要問的問題。

——山姆．金恩（Sam Keen）10

你的大腦熱愛問題

試試以下的實驗。明天你在公司或任何消磨時間的地方，問問你的朋友，他將車停在什麼顏色的車子隔壁。你的朋友大概會擺出奇怪的表情，並承認他不知道。後天跟大後天也要問他們同樣問題。你就這麼問到第四或第五天，你的朋友便會身不由己：等到下一個早晨，他又在停車場停車時，他的大腦便會提醒他，那個怪人（你）又要問那個奇怪的問題啦，他便不得不將答案存放在短期記憶庫裡。而這樣的結果，一部分是海馬迴的功勞，海馬迴位於哺乳類腦，它會判斷什麼資訊需要儲存，什麼資訊需要

10 美國作家、男性運動領導人，著有《學飛的男人》等書。

檢索。海馬迴判斷一項資訊是否要儲存的主要準則是重複性，所以**反反覆覆地詢問同一個問題，大腦便別無選擇，只能去關注那個問題，開始找答案**。

原來，在構思一個想法及解決方案的時候，**提出問題**（你把車子停在什麼顏色的車子隔壁？）**會比下達命令**（告訴我你把車子停在什麼顏色的車子隔壁。）**更能夠刺激思考**，帶來實質的效益。我與病患及企業客戶的合作經驗並不是正式的實驗結果，但我發現**拋出問題以後，大腦便會樂於思考。你的大腦很愛玩！問題可以喚醒大腦，逗它開心**。你的大腦熱愛接受問題的挑戰，即使是不合理或古怪的問題都照單全收，再三思考。下一回你搭乘飛機時，迅速觀察一下其餘乘客在做什麼。我敢說你會看到很多人在玩填字遊戲或數獨。填字遊戲基本上便是一大堆的問題，讓大腦不必害怕在漫長的航班裡太過無聊，可以玩個過癮。或是觀察小朋友聽到照本宣科式的言語時（這是狗狗。）是如何的漫不經心，可是當你拋出一個問題，即使你也會給出答案「這是什麼？這是狗狗」，小朋友照樣會睜大眼睛。父母本能地知道要先提問再給答案，然後重新問一遍，看看孩子能不能想起答案。他們明白大腦熱愛問題。

一遍又一遍，我目睹提出問題與下達命令的效果有天壤之別——不只是在商業會議上是如此，從個人生活乃至醫療現場都有相同的現象。舉個例子，我們都聽慣了如何改善健康的作法，連睡夢中都背得出來：攝取半個餐盤的蔬果，少碰飽和脂肪及反式脂肪，常常運動，攝取足量的水，諸如此類。但這些說到爛的命令顯然沒能讓大部分人聽話，從病態肥胖、心臟病、糖尿病在全國人口中的比例就知道了。

我在加州大學醫學院的家醫科門診，建議病患問自己涓滴改善的問題，結果他們遵循保健守則的情況就好多了：

- 如果健康是我的第一要務，我今天會作出哪些改變？
- 我要如何提醒自己多喝水？
- 我要怎麼做，才能在日常生活裡多做幾分鐘的運動？

病患給大腦幾天的時間思索這些問題，原本堅稱沒空照顧身體的病患，便想到了將好習慣融入作息的創意方法。一位病患開始在車上放一瓶水，她自己推斷，即使水瓶空了，照樣可以提示她得多喝水——她也眞的多喝水了。另一位女性因爲經常出差很難執行減重計畫，她決定按照老樣子，在餐館點自己平常會點的餐點，但請服務生先打包一半的食物讓她外帶，然後才上菜。如此一來，她根本不會看到自己要帶回旅館房間的那一半餐點。第三位女性覺得保持正向的態度會比較健康，她想到的點子是在早晨刷牙時，播放韓德爾振奮人心的〈哈利路亞大合唱〉。

這些患者都說自己能夠選擇比較健康的飲食，從容地享受餐點，純粹是因爲正確——且反複提出——的問題讓她們更注意自己的健康。自己想到的創意答案讓她們很開心，心甘情願地執行自己的點子，而不是聽從醫生的醫囑，不久她們便興致勃勃地尋找更多改善健康的手段。當然，她們的運動量太低，沒有達成醫師建議的運動時數，用餐時也沒有徹底遵守每一條營養守則，但這些女性都已經踏上通往成功的康莊大道。（在第四章〈採取小小的行動〉，我會討論非常微小的行動——即使是像在車上擺一個空水瓶這樣微不足道的舉動——都能幫上大忙，讓你達成乍看不可能的目標。現下你只要知道，提出小小的問題很管用，這樣就夠了。）

躡手躡腳地繞過恐懼

大腦熱愛問題，對問題來者不拒……唯一的例外是問題太龐大，激發了恐懼。「我要怎樣在年底之前變苗條（或變有錢、或完成終身大事）？」或「什麼新產品，能讓公司多賺一百萬美元？」之類的問題實在太巨大，嚇都嚇死人了。一如派翠克對屬下的提問，過大的問題會令被問的人畏縮——即使我們是在問自己。大腦不會被挑起興致，反而會感到害怕，抑制創意，關閉我們最需要啓動的皮層（負責思考的大腦部位）。在危急時能夠限制部分的能力，以求自我保護，這本來是大腦的強項之一，此時卻成爲扯後腿的束縛。

提出微小的溫和問題，便能讓戰逃反應處於「關閉」狀態。「如果要提高效率，我能採取的最小行動是什麼？」「有什麼可以減少卡債的手段，是我每天抽出五分鐘就能做到的？」「我要到哪裡打聽，才能查到本地的成人教育資料？」諸如此類的涓滴改善問題，讓我們能夠避開恐懼。**這些問題讓**

大腦能夠專注在解決問題，終至採取行動。時常向自己提問，大腦便會記下問題，反覆思索，最後給你有趣又實用的答覆。

雖然我們不明白大腦如何迸發新的想法，產生創意的機制仍是科學界尚未探索的廣大領域之一，但我幫助個案脫離束縛與常軌、啓動創意，倒是累積了數十年的經驗。我相信，只要時常向自己提出相同的問題，耐心地等候答案，便能夠讓皮層動起來。提出一個問題既不費力也不可怕，還充滿趣味。所以，當你問自己小小的問題，你的杏仁體（產生戰逃反應的部位）會沉睡，而隨時都想大玩特玩的皮層則會甦醒，注意到你的提問。它會咀嚼消化你的問題，以它神奇的妙法，在一切就緒時給你答案……答案迸出來的那一刻，可能就在我們沐浴時、開車時、洗碗時。愛因斯坦曾經問道：「爲什麼我最棒的點子，都在早上刮鬍子的時候冒出來？」不知在最棒的點子浮上心頭之前的幾天、幾週或幾個月，他是否向自己提出小小的問題——雖然說，扯到宇宙本質的問題，大概再小也小不到哪去啦。

噓……別吵醒杏仁體！

問自己微小的問題，比較不會吵醒杏仁體，激發令你感到無力的恐懼。恐懼不現身，大腦便能接收問題，等時候到了便會吐出答案。

微小的問題與創意

如果你曾經處理過需要極大創意的工作，例如寫演講稿，你便知道這項任務有多恐怖。你在印表機放滿空白的紙張，倒一杯熱氣蒸騰的咖啡，叫出文書處理程式，問自己：開場白要怎麼說，才能吸引聽眾？或是：我要怎麼說服一百位半信半疑的員工，接受我提出的新計畫？然後你瞪著空白的螢幕，感到心煩意亂。你口乾舌燥，心情亂糟糟。

即使你沒有察覺到，但你的戰逃反應啓動了；你或許會稱爲「寫作瓶頸」的那種感覺，說穿了便是恐懼。你問自己的問題太巨大，也太駭人。你喚醒了杏仁體，而皮層全面停擺。

《英倫情人》（*The English Patient*）的作者麥可．翁達傑（Michael Ondaatje）便是從小小的問題爲起點，坐著寫出一本本小說的。他說：「我腦海裡並沒有任何主要的主題。」（其他的厲害作家也說過類似的話。）他不會從大到無法回答的問題開始構思，比如：「什麼樣的角色，能讓讀者著迷？」反之，他會擷取幾個事件，「像是墜機事件，或是一位病患與一位護士深夜對談的概念」，然後問自己幾個極其微小的問題，比如：「飛機上的人是誰？爲何上飛機？爲何墜機？那是哪一年的事？」對於微小問題的答案，他說：「這些細碎的片段，馬賽克的拼片，會累積成形，於是你開始發掘這些角色的過去，你會爲這些角色編造出前塵往事。」**他的小小問題會引出答案，答案遲早會引導他塑造出飽滿、逼真的角色，寫出得獎的小說作品。**

即使你沒有寫小說的遠大抱負，小問題照樣可以協助你平息恐懼，不讓恐懼扼殺其他生活領域中的創意。比如，想想微波爐的發明過程。派瑞．史賓賽（Perry Spencer）可不是坐在家裡，十指敲打著桌面，捶著額頭，想著：「我要怎樣才能發明革新全世界廚房的家電？到底要怎麼做？怎樣才能辦到？」史賓賽是雷神公司（Raytheon）的工程師，某天他在工作時，將棒棒糖放在雷達裝置附近。由於距離太近，糖果融化了，他問自己：「雷達怎麼會讓食物融掉？」這個小小的問題，牽引出其他的小小問題，而問題的答案，最後改變了你我烹煮晚餐的方式。

涓滴改善大補帖 Tips

你想要發揮創意寫個故事或寫首歌、畫畫、構思出你的完美工作、為辦公室裡的問題變出一個妙不可言的解決方案，但是你的腦袋始終一片空白。

這個時候，涓滴改善可以幫忙召喚你的靈感。儘管你無法逼迫大腦隨時隨地應你的要求吐出創意的點子，但只要向自己提出一個小小的問題，便能夠切換大腦的運作，讓它啓動想像的程序。以下列出我的個案需要創意點子時，他們最愛用的小小問題。

盡情設計你自己的問題。不論你使用什麼問題，重點是以溫和而充滿耐心的態度詢問自己。當你用嚴厲或急切的口吻提問，恐懼會阻礙發揮創意的過程。

- **我希望自己的書、詩、歌曲、繪畫，帶給這個世界什麼樣的貢獻？**
- **我可以請誰助我一臂之力？誰可以帶給我啓發？**
- **我的團隊在創意過程、才能、商業上有什麼特長？**
- **哪一種類型的工作可以讓我熱血沸騰，讓我感到心滿意足？**

記住：如果你一再提出相同的問題，持續幾天或幾週，不管多久都跟它耗下去，海馬迴（儲存資訊的大腦部位）便會別無選擇，只能處理你的問題。海馬迴自有它的一套，等到時機成熟，大腦便會在意想不到時給出答案。

以小小的問題平息錯綜複雜的恐懼

我們來舉一個應用小小問題的實例，案例中的女士姑且稱爲葛蕾絲。她非常幹練，冰雪聰明，經營自己的公司，卻始終尋覓不到如意對象，過去的感情關係也總是不長久，她爲此感到氣餒。

我聆聽葛蕾絲的陳述，一邊想著她在情場以外的各方面都自信昂揚，會不會是恐懼阻礙了她的情路。我們都見識過了，恐懼常常是讓人不能如願以償的原因。恐懼通常可以歸類爲兩大類：**害怕自己不夠格**的恐懼（我不配得到這些），以及**害怕失去控制**的恐懼（萬一我喜歡上他，他卻離我而去怎麼辦？）。我請葛蕾絲聊聊她交往過的對象，她埋怨有時會邂逅似乎有心經營長久關係的男性，跟他們約會個一、兩次，卻總是會遇到難關：有來自前對方前一段婚姻的小孩、他們的工作與她的事業不能搭配、或是他們不喜歡跳舞。反之，能夠讓她投注大量時間經營感情的男士，多半生活優渥，呼風喚雨，令人振奮——同時卻拒人於千里之外，他們對親密的言語交流不感興趣，也不要葛蕾絲想追求的那種一生一世的感情。葛蕾絲爲何青睞那些顯然不會走進婚姻的男性，反而拒絕那些相形之下略有「缺陷」的對象呢？

我從自己最心愛的練習當中，挑了一項讓葛蕾絲做，證實了以她的情況而言，的確是恐懼在作祟。我請葛蕾絲想像，在我的辦公室門外有一臺時空機器，可以將她傳輸到她父母的身體內。我請她選擇要在母親還是父親的體內生活，與她選定的對象經歷相同的人生。葛蕾絲的反應很典型，披露了問題的癥結。「我不要當我的母親，也不要當父親。」她毫不遲疑地說。「有第三個選項嗎？」我們談著談著，便釐清了狀況，母親是葛蕾絲平日談心的對象，葛蕾絲很愛她，可是只要葛蕾絲的父親在家，她的母親便會變一個人。以葛蕾絲幼年時期的眼光來看，母親常在丈夫面前畏縮，幾乎可以看出她整個人都小了一號，戰戰兢兢，被丈夫騎在頭上。葛蕾絲記得自己曾經發誓，絕對不要任人宰割，就如同她的父親對母親作威作福的態度那樣。她思索要如何達成目標，認爲唯一的辦法是與疏離但富裕的男性交往，這樣她就不可能成爲男性的附屬品。

但截至當時爲止，葛蕾絲並沒有思考過，她理性腦的願望（充滿關愛的堅貞感情）與她童年時跟自己訂立的強效約定（絕不失去控制權，即使那是愛情與互許終身的必要條件）之間有何關連。她開始明白自己的問題，比原先想的更複雜，而她向來都比自己願意承認的更害怕。我們都同意葛蕾絲最好繼續回診，深入討論她的童年會對葛蕾絲有幫助，但葛蕾絲最渴盼的是找到情人，與他談論那些私密的議題。我向她解釋，爲了實現她的願望，我們要採取小小的行動，協助葛蕾絲駕馭她的恐懼。大刀闊斧的行動太恐怖了，容易擦槍走火。葛蕾絲畢竟是企業家，她對一點一滴地改善現況的概念很好奇，答應聽從我的建議行事，即使我建議的事項微不足道到極點，她都願意照辦。

我請葛蕾絲聊聊她夢想中的完美工作，以及她希望自己的事業在三年內有怎樣的發展。她隨即完整地描述她的目標與夢想，還交代了實現目標的方法。接著，我請她描述怎樣的男性才是她的理想對象，以及他們可能會如何享受美好的一天。她答不出來！她實在太害怕豁出去，允許自己在感情生活中卸下心防，甚至無法想像自己與一位真心愛她的男人共度愉快的一天。

因此，我們首先讓葛蕾絲**問自己不具威脅性的小小問題，培養她對好男人的胃口**——同時避開她猛烈的恐懼反應。一開始，她每天都要問自己兩分鐘：我理想中的伴侶是什麼樣的人？起初葛蕾絲感到困難，連她都嚇了一跳，練習了好一陣子才能得出答案。然而等到問題在她的想像裡扎根，她便漸漸找到信心，更能得到誠實的答案。接著，我請她每天發一則語音留言給我，給我另一個問題的答案：妳希望理想中的伴侶，此時此刻用什麼小小的舉動來寵愛妳？

有些人從小到大都看著父母天天展露夫妻間的情意與尊重，他們信手拈來便能回答，但這個問題對葛蕾絲有難度。我要訓練葛蕾絲作關於男人的白日夢，好讓她**經由夢想的力量，建立健康的欲望**。再一次，她持續捫心自問，直到大腦開始加班孵出答案。她發現，自己最想要的對象，是覺得她漂亮而且會說出來的男人，他會開開心心地陪她回家慶祝聖誕節，假如對方喝酒，也會很節制地只是小酌。**她的大腦適應了這個遊戲，答案便更加精準到位**。她辨識出自己想要男人稱讚她的外貌還是成就，也知道自己幾時會想要聽到。她開始知道自己希望這一位理想的男士在何時當個聽眾，而何時又要打斷她，讓她不沉浸在眼前的煩憂當中。

當她開始想像更和諧的感情關係，探索自己的欲望，她也懂得刻意去滿足自己的需求。她答應我，她會開始採取小小的行動，來提高邂逅理想對象的機會。她工作的那一棟大樓有地下美食街，與其待在辦公室獨自用餐，她要拎著午餐袋去美食街用餐。她不會搔首弄姿，甚至不會故意坐在迷人的男士附近；她只是要「深入敵營」。同時，我請她思考以下的問題：

如果百分之百確定白馬王子會在一個月內現身，我今天會作哪些改變？

葛蕾絲一向維持高水準的健康體態，但現在她更是精心打扮，甚至攝取更營養的飲食。基本上，她在打理自己，準備好邂逅理想的男士。另一個問題則讓她借助自己的興趣，離開辦公室和住家的舒適圈：假設妳的理想對象跟妳有相同的興趣，妳想要在哪裡遇見他？葛蕾絲覺得與他相遇的好地點是健身房（反映了對維持健康的興趣）、商業研討會（她希望跟一樣有抱負的男士交往），或是教堂（因爲她想要的對象，是懂得照顧自己精神需求的人）。

涓滴改善大補帖 Tips

當我「規定」個案在完成小小的問題後，將答案用語音留言寄給我，有一些個案的狀態便會大為改觀，葛蕾絲也是其中之一。但是，並非每個人都有諮商師（也不是每一位諮商師都喜歡語音信箱被訊息塞爆）。如果你剛好是這樣的狀況，可以改成打電話跟親友報告。假如打電話太可怕，另一個選項是把答案寫在記事本上，或是自己錄下音檔。

葛蕾絲來諮商不到六個月，便在教堂結識一位優秀的男士。他會讚美葛蕾絲，健談，也願意定下來。他們已經結縭五年，從我每年在節慶時期收到的聖誕卡片判斷，小倆口恩愛如初。當然，人生的際遇不見得總是會像他們一樣，有美滿的結局。但我一次又一次目睹小小的問題如何翻轉一個人的機運，提高得到幸福的勝算。以葛蕾絲的案例來說，小小的問題讓她能夠規避恐懼，清楚地決定自己想要些什麼，然後在幸福降臨時，認出那就是她想要的。

負面的問題：心智毒藥

問題可以塑造你的經歷與行爲，這種塑造力不見得都是用來讓人生氣勃勃，帶來正面的效應。不知有多少次，我聽到個案們以殘酷到極點的問題對付自己。或許你會說出以下的這些話：

- 我怎麼那麼沒用？
- 我笨成這樣還有救嗎？
- 怎麼別人的日子都比我輕鬆？

這些問題也蘊含讓大腦動起來的力量，以無情的熾熱白光，照亮你的缺陷與錯誤——有眞實存在的、有出於想像的、還有被你誇大的。這些問題的確會激發心智的能量，然而這股能量卻是用在翻攪你的弱點，強調你的不足。

當我聽見個案這樣摧殘自己，尤其是那些顯然自尊低下的個案，我會請他們使用另一項涓滴改善的技巧：**每天發一則語音訊息給我，跟我說一則他們對自己的正向想法，或是說一項他們實際做完的正向行為，再小都行。**不出一個月，大部分的個案會回報，當初讓他們上門諮商的問題，似乎沒有那麼難以招架了。他們看待諮商療程的心態也趨於正向，認爲這是一趟兼具勇氣與毅力之旅，而不是因爲有必須矯正的缺陷，不得不前來處理。

涓滴改善大補帖 Tips

如果你常常用負面的問題痛罵自己（爲什麼我是死胖子？），試試這樣問：**今天，有哪一件讓我喜歡自己的事**？天天問自己，在記事本寫下答案，也可以寫在紙上，給這張紙一個專屬的收藏位置。

向別人提出小小的問題

一回，我和一群住院醫師結伴走進洛杉磯的一所中學，這些住院醫師正在接受家醫科的訓練。在家醫科，青少年討厭看醫生已是老生常談，截至目前爲止，遇到滿臉陰沉或是不愛理人的青少年，我們也莫可奈何。當醫師想跟孩子們說明重要的保健知識，比如吸食毒品、性愛、抽菸等等，這些年少病患卻不專心跟醫師談話，醫師也是會滿心挫敗的。我們都會想，青少年本來就是這副德性，你也拿他們沒轍。後來我才意識到，從來沒人問過這些孩子，如何減輕他們看醫生的煎熬。

因此，我們離開自己的地盤，前往青少年熟悉的環境——他們的教室。我們詢問學生，看診時有哪些事情是他們喜歡的以及討厭的。一位少女舉手，說她看醫生時會不斷擔心自己即將接受的治療，不管是破傷風的後續疫苗注射，或是其他一樣討厭的治療。她建議醫生在看診一開始便完成醫療程序，之後病人便可以專心聆聽醫生的問題與醫囑。在她四周的孩子紛紛點頭同意，我們決定採納她的意見（成效非常好）。其他的學生則說，希望父母一起進入診間，住院醫生聽到都有點訝異，虛心受教。住院醫師還以為青少年會覺得有父母在很丟人，而將年輕的醫生當作一個很酷的大人。另一個意見則展現了青少年一貫的矛盾本質，有一位學生希望醫生直接給青少年電話號碼，以便在遇到私人問題時聯絡醫生，毋須透過父母。

這群住院醫師的每一位，無疑都致力於協助青少年成長，期盼他們日後成為健康、活躍的大人。但住院醫師卻沒有幾個人，曾經從醫療以外的角度看待這個年齡層的人。他們願意在學校與青少年面對面，詢問他們小小的問題，反映出涓滴改善的根本要件：**尊重別人，即使我們自認為已經相當了解別人的立場與答案**。

你能夠以類似的方式，使用涓滴改善的提問。有一位我認識的校長時常叮囑她的祕書，只要看到走出校長室的人臭著一張臉，一副老大不高興的模樣，就要通報她。這一位備受敬重的校長很清楚，許多被找來「校長室」的人，不論是學生與家長，可能會覺得自己是俎上肉，直到離開校長室才會流露他們的眞實感受。校長讓祕書跟自己站在同一陣線，便能夠給不滿的孩子與大人更貼心的後續關切。許多成功的老闆喜歡詢問櫃檯人員或助理這個小小的問題：「幹部／消費者／客户有沒有希望我稍微改善一下的地方？」**務必在得到誠實的回饋後立刻獎勵對方，而且明辨是非，才能確保對方實話實說**。有一位我認識的律師更是不得了，他定期找工友們來聽他出庭的最後陳詞，請他們給意見。

當你找不出自己需要什麼，請教別人意見也會有助益。我認識一位對婚姻很不滿意的婦女。當我詢問她希望丈夫怎麼做，她只茫然望著我。這位女士拉拔兩個孩子長大，現在孩子都上大學了，她在父母最後幾年的人生裡照料他們，還全力支持丈夫追求事業。她勞苦功高，但長久以來，她都全心照顧孩子、丈夫、父母的需求，對自己早已不聞不問。丈夫對待她的方式惹得她一肚子氣，卻又實在說不出希望丈夫如何與她相處。因此，她詢問婚姻幸福的朋友們這個問題：妳丈夫會做什麼讓妳開心的事？從她們的回答，她列出了婚姻生活良好選項的清單，終於釐清自己的答案。

我見過很多人明明不滿意自己目前的職務，卻回答不出自己想從事什麼工作。這樣的人大多數都被灌輸過一個概念，認爲工作是賺錢的手段——別無其他。他們不曾要求大腦回答以下的問題：哪一種工作可以讓我自豪，且覺得樂趣無窮？對於這樣的人，我會建議他們去請教在工作上甘之如飴的朋友，問問他們：你工作時，什麼最令你快樂？他們的答案可以刺激你，讓你思考工作時可以從哪裡得到樂趣。

希望你建立涓滴改善的習慣，詢問自己小小的（正向！）問題。在你踏出第一步時，記住你是在設定大腦，開啓創意，因此選擇一個問題，一再詢問大腦，持續幾天或幾週。別用苛刻的命令與憤怒的要求凍結你的大腦，**給大腦愉快的挑戰，便能體驗到豐碩的成果**。如果你的目標是得到新穎的創意或改善的點子，或許等你接收到答案時，你的目標便已經實現了。但如果你是要完成艱難或可怕的目標，提出小小的問題或許只是改變的第一步。下文提供的諸多策略既安全又不嚇人，且又能助你實現夢想。

涓滴改善超強密技：練習提出小小的問題

下列問題的宗旨，是為了讓你養成涓滴改善的習慣，學會問自己小小的問題。有些問題專門用在實現目標，有些則是讓你練習在各個生活領域中，尋找持續改善的方法。

開始練習時，記住你是在重新設定大腦，而建立新的心智路徑是需要時間的。因此，選擇一個問題，反覆詢問自己，持續幾天或幾週。

練習按時詢問自己，也許在你每天早上喝咖啡的時候，也許是你坐進自己車子的時候，也許是每晚就寢的時候。不妨把問題寫在便利貼上面，貼在你的夜燈（或儀表板，或咖啡壺）上。

以下只是讓你踏出第一步的一些點子，請盡情設計你的問題！

- 如果你不快樂卻不明所以，試試問自己：

假如我絕對不會失敗，我會改變哪些作法？

這個問題的異想天開特質，可以讓大腦安安心心地誠實作答，可以給你出乎意料的答案，釐清你的目標。在工作上拖拖拉拉的人或許會發現，自己由衷渴望遞出辭呈，去學景觀設計；而另一個人可能會發現，其實自己想要鼓起勇氣，請老闆每天早上跟她道一聲早安。

- 如果你想要達成某個目標，每天問自己：

我可以採取什麼小小的行動，來朝著目標邁進一步？

不論你是實際說出口，或是在腦海裡詢問自己，都請你使用親切的口吻，就是你跟親愛的朋友講話的那一種語氣。回想一下派翠克的親身經歷，這一位經理發現激昂、惱怒的發言，根本無法帶來充滿創意的答案。

企業絕對不能滿於現狀，永遠要精益求精，這是企業界的硬道理。我常常希望更多人將這個概念，應用在經營感情、事業、身體健康上，這些都是上天的恩賜，不應該視為理所當然。如果你對自己的人生大致上心滿意足，但希望保持警覺，不排除登峰造極的可能性，可以稍微修改前面的問題，問自己：

有什麼小小的行動，能讓我改善健康（或感情關係、事業，或任何事）？

這個問題的目的是讓你保持開放，給大腦盡情玩耍的空間。

準備好迎接意料之外的答案！

我們經常只關注我們認為最「重要」的人——一位動見觀瞻的員工、問題小孩或是我們的伴侶，忽略其他或許可以給我們寶貴意見的人。試試問自己：

在我的工作或生活圈裡面，我是不是很久沒有聆聽哪一個人的想法與意見了？我可以問這個人什麼樣的小小問題？

與別人有嚴重衝突的人，不論對方是老闆、員工、姻親、鄰居，如果你有心解決齟齬，都適用以下的問題。天天問自己：

這個人有什麼可取之處？

或許不用多久，你便會發現自己對這個人的優點瞭如指掌，一如你將他們的缺點摸得一清二楚。

如果你常常感到悲觀或負面，試試問自己這個問題：

我（或我的另一半，或我所屬的組織）有什麼特別之處？

如果你捫心自問一段時日，便是設定大腦去尋找你美好的一面，說不定你還會決定加強這些閃閃發光的特質，或許你會在工作上發起新的促銷活動，或是有了在家裡舉行家庭活動的點子。

Notes

第三章

觀想小小的念頭

心智雕塑（mind sculpture）是一種簡單的技巧，
也就是以「小小的念頭」（small thoughts）
協助你發展新的社交技能、心智技能，甚至是運動技能
——只要想像自己在執行那些技能就行了！

我們時常聽說，改變的上上之策是豁出去拚了，一頭栽進去，希望那一股動力可以帶著我們穿越恐懼與阻力。在健身的領域，這個概念搖身變成我們耳熟能詳的諄諄教導：「做就對了！」（Just do it!）。在約會交友、拓展人脈、上臺報告的範疇，我們聽到的則是「裝久成眞」（Fake it till you make it.）。但想像一位害羞的人爲了「假裝」，獨自出席一場雞尾酒派對，向陌生人拋出飛吻，裝出自信迷人的派頭。這人十之八九會在派對上受盡活罪，然後飛奔回家，帶著頭痛爬上床鋪，發誓打死都不要再試一遍。

其實要訓練自己做困難的事，還有另一種幾乎完全不必吃苦頭的方法，即使是你覺得違反自己個性的事，與你的才能不符的事，都能訓練自己做到，這樣你應該可以鬆一口氣了吧。這個方法稱爲心智雕塑，可以協助你跑完艱難的賽跑、去相親，或是讓你跟員工的溝通更良好。

心智雕塑運用最先進的神經科學，認爲大腦吞不下「做就對了！」的猛藥，倒不如給大腦極微量的刺激，而且是令人難以置信的超低劑量，大腦的學習成效反而最好。

心智雕塑：身歷其境的體驗

你大概聽說過「引導式心像法」（guided imagery），那是比心智雕塑更早問世的概念。一般而言，帶領病患做引導式心像練習的心理醫師，會請病患閉上眼睛，深深呼吸，想像自己坐在電影院裡，面向銀幕。接著，病患要想像自己出現在銀幕上，完美無瑕且充滿自信地執行他們想要改善的技能，也許是揮舞高爾夫球桿，或是上臺報告。這一類的引導式心像的收效很有限。後來，正子造影（Positron Emission Topography, PET）掃描證實這種練習只會讓一小部分的大腦活躍起來，也就是視覺皮質（處理視覺資訊的地方）。

伊安．羅伯森（Ian Robertson）開發的「心智雕塑」法則是較新的技巧，**這項練習必須動用全部的感官，但只在想像中進行**。練習者必須假裝自己投入行動中，不只是觀看，還要聽聞、品嚐、嗅聞、碰觸。進行心智雕塑時，要想像肌肉的動作，還有情緒的起伏。

我最喜愛的心智雕塑法成功案例，莫過於了不起的奧運游泳選手麥克．菲爾普斯（Michael Phelps）中。菲爾普斯奪得二十二面獎牌，其中十八面是金牌，是奧運史上贏得最多獎牌的運動員。菲爾普斯爲二〇〇八年北京奧運受訓期間，教練請他在起床之前，先在床上練習心智雕塑。他指示菲爾普斯想像自己來到出發臺上，聽到出發的信號，雙腿一蹬離開出發臺，有力而流暢地划過水道，在每一回游到池壁時完美地轉身。因此，他不是在內心的畫面裡看見自己，彷彿是在觀看自己游泳的影片，而是想像自己就在游泳池裡面，在跟人比賽。他跟練習引導式心像法的前人一樣，要使用視覺想像。你現在就可以試試類似的練習，想像你的雙腳站在出發臺上，泳帽服服貼貼地戴在頭上，以及觀眾在看臺上的喧譁聲。

菲爾普斯每天都在腦海裡演練，然後才實際下水。這些練習值回票價，在其中一場比賽時，他的護目鏡進水了，而這個問題可能減慢他的速度，賠上比賽。但菲爾普斯作過萬全準備，在進行心智雕塑的想像練習時，早已演練過護目鏡進水的狀況。於是，那一場比賽的金牌成爲他的囊中之物，讓他在北京賽事奪得的金牌總數變成八面。

伊安·羅伯森是大腦復健領域的世界級權威，在《心智雕塑》（*Mind Sculpture*，暫譯）的理論是我們進行心智雕塑的時候，大腦不明白自己其實沒有在做我們想像中的事。菲爾普斯的大腦發送出精確的訊息，調度所有需要使用的肌肉，讓菲爾普斯得以在奧運史上留名。實際上，他的大腦和身體在練習賽事，一遍又一遍，絲毫沒有失誤。

當你在腦海裡「演練」一件事，動員你全部的感官，不出幾分鐘，大腦的化學成分便會開始轉變。大腦會重寫自己的細胞，重塑細胞之間的連結，以進行複雜的動作或言語技能。等你練習得夠多次，便能夠嫻熟地駕馭新的模式。這一點也符合科學研究的結果：在一項研究中，一天進行鋼琴五指練習兩小時的人，與只在想像中練習、根本沒有摸到琴鍵的人，兩者的腦部活動都增加了。所以說，你可以只在想像中演練一件困難的事，免除「豁出去拚了」策略引發的恐懼，不受恐懼的牽絆。**你可以一小步一小步地訓練大腦，培養完成艱鉅任務所需的全新技能組合。**

你我都適用的心智雕塑練習

許多職業運動員使用這一類的心像技巧琢磨自己的技藝，例如，籃球手麥可．喬丹（Michael Jordan）、高爾夫球手傑克．尼克勞斯（Jack Nicklaus）皆然。然而他們是在出類拔萃之後，才接觸心智雕塑法。而我們普通人只是想要處理害怕的事務，比如和超正的潛在約會對象聊天，或是堅持節食計畫，心智雕塑法也能幫上忙嗎？

這一項涓滴改善的小小策略，其實適合每一位苦苦追求但目標卻依然遙不可及的人。原因在於**心智雕塑的練習極為安全舒適，可以直接穿越一切原本會讓你撞得鼻青臉腫的心智障礙**。連因爲地震或意外事故而飽受餘悸之苦的倖存者，都可以用心智雕塑法平息恐懼，其威力可見一斑。這對反覆作同一個噩夢的人也很有效：我會請他們重溫夢境，但給夢境一個愉快的結局。我有幾十位個案使用心智雕塑法的技巧，他們每一位都在幾天之內，便不再作噩夢或突然想起遭逢事故的恐怖經歷。

我曾在涓滴改善的講座結束後遇到一位女性，她的故事或許可以激勵你。當她上前向我攀談時，已經泫然欲泣。她罹患嗜睡症，一旦面臨壓力，身體便會陷入昏睡。這毛病可以服藥控制，藥效良好，但這位女性無法吞下醫生開的藥。她告訴我，她十幾歲的時候，因爲服藥（與目前的嗜睡症無關）而出現可怕的副作用，差一點賠上性命。自此之後，她再也無法把藥物吞進肚子。只要一想到藥物，大腦便會重播記憶中的情境：一連串的劇烈反應。我建議她爲大腦改寫劇本，想像她順利服下藥物，享受藥物的良好療效。單單憑著這一個畫面，便澆熄了她的恐懼，做完一次心智雕塑練習後，服藥便再也不成問題。

心智雕塑練習不見得都能一次見效，但的確是相當可靠又萬用的方法。我見過有人用心智雕塑做以下的事：

- 克服對醫療程序的恐懼
- 冷靜地回應令人情緒激動的事情，沒有爆出怒火
- 學會控制食量

- 消除對健身運動的抗拒
- 與陌生人自在地交談
- 在公開演講時口若懸河

麥克是大企業的主管，他的心智雕塑體驗非常不得了，足以讓我們普通人見賢思齊。以下是他的故事：

麥克公司的人力資源部門找上我，提出一項不尋常的委託。他們要我說服麥克，讓他乖乖坐下來，完成部屬的年度績效考核。麥克老是拖拖拉拉地，不肯做考核，拖到都違反公司規定了，儘管高層不斷施壓，部屬們也有怨言，他卻依然只想耍賴。他那個部門的士氣低迷，有才幹的部屬表明想要調職，改做公司裡的其他職務。麥克是創意十足的人，是公司不能割捨的寶貴人才，但他的管理技能需要改善，而且是馬上。

公司警告麥克，要求他聽從我的建議。但麥克向我堅稱自己是被公務纏身，沒空做員工考核，也沒時間跟我聊他對員工的不滿。麥克的工作排程已經要炸了，因此他的態度情有可原，卻不太符合事實。我覺得如果他喜歡做考核，便會挪出時間來做。但麥克實在不愛溝通，他覺得跟問題員工攤牌很討厭，而考核工作表現一流的員工則是「浪費時間」，一點都沒有必要。他抱持的思想流派是：誰都不應該因爲把工作做好而得到稱讚。於是，員工考核在他的待辦清單裡敬陪末座。我必須協助麥克改變立場，不再拒絕與員工攤牌及討論，而且我提出的方法，還要能夠讓這一位老是承擔太多工作的人接受。

我跟他談妥條件。「我的目標是讓你喜歡年度考核。」我說，「如果你在接下來三個月每天抽出三十秒給我，應該可以達成目標。萬一我沒有成功，你儘管去跟人資部門說你已經遵循我的全部建議，履行了你的責任。」我的要求只有芝麻綠豆大，麥克根本無法拒絕。

在第一個月，麥克每天要做三十秒的心智雕塑。我請他從自己的部門挑一個對象，想像自己在稱讚那個人，要有明確而詳細的讚美內容，口吻要熱切，彷彿這個人的工作表現無懈可擊。他要想像自己如何站在這個人的面前，想像自己以輕鬆而開放的姿態與對方交談的感覺、要採用什麼口吻，也要想像那個場景裡會有的聲音及氣味。

我要麥克從想出兩個讚美的理由開始練習。麥克跟一般人一樣，覺得讚美別人比批評容易。但我也知道如果放任麥克部門裡的問題不處理，拖得太久的話，麥克會認爲部下都是問題人物。從另一個角度來看，心理學的研究也清楚顯示，覺得自己不受重視的人在聽到批評時，通常會憤憤不平，因而無視對方給他們的建言。麥克以心智雕塑的方式練習讚美別人，不僅讓他學會了稀鬆平常地去做一件原本他覺得很勉強的事，還一併養成了讚美的技能，讓他的員工更滿足，也提高生產力。

我問麥克，是否願意把這項練習也用在家人身上。我猜他在家庭生活裡也是沉默寡言，他的家人應該會喜歡他小小改變一下。我請他在那三十秒的心智雕塑練習中，挪出一點點時間想像自己以明確的言語，讚美妻子或三位兒女的其中一位。在第二個月，我請麥克繼續想像自己給別人一則讚美，但也要有一條批評。他要想像自己面對某一位員工，感覺到自己臉部肌肉的動作，身體保持開放的姿勢，以和善、就事論事的口吻說這些話。另外，我請他每天都要在家裡實際開口稱讚一位家人。

在第二個月的第二週，我的電話響了。「我老婆跟小孩都在問我，我是哪根筋不對勁！」麥克說，顯然相當滿意練習的成效。他的家人以滿滿的愛與熱情回應他的讚美，現在他對心智雕塑與涓滴改善的威力五體投地。

「那麼，」我提出建議，「要不要每天發一則語音訊息給我，說出你對一位員工的一則讚美和一則批評？」他可以趁機練習說話時的口吻，而我會針對他對員工的評論是否明確，以及語氣是否如他所想的一樣中立，提供我的意見。

憑著心智雕塑，以及因爲在腦海預先演練而能夠積極採取的小小行動，麥克學會了一套全新的技能。麥克也淺嚐了使用這些技能的輕鬆自在與益處。在我們合作的三個月結束時，他完成了延宕已久的員工考核，不用別人三催四請，而且他發現自己會在走廊上停下腳步，以十五到二十秒的時間給員工即時的意見回饋。多年來，我每年都收到麥克的佳節賀卡。卡片上總是說，他們一家人從來不曾如此幸福，而部門的士氣高昂。

涓滴改善超強密技：心智雕塑的作法

不管你想達成的目標為何，在你展開涓滴改善的改變計畫之前，心智雕塑都是暖身的絕佳方式。在此以正宗的涓滴改善風格，將心智雕塑的作法拆解成幾個小步驟：

一、挑出一項你不敢做的事，或是做的時候會渾身不自在的事。盡量給自己至少一個月的時間，才實際去做那件事。

二、決定你願意每天做幾秒的心智雕塑。真的只要幾秒，不要規定自己練習幾分鐘或幾小時；時間一定要短，才可以每天輕鬆達標。反覆練習是必要的：**凡是你重複去做的事，即使一次只做幾秒，大腦都會判斷這件事一定很重要，開始分派專門的細胞來處理這一項新的行為。**

三、當你準備好練習心智雕塑，在安靜、舒適的地方坐下或躺下，閉上眼睛。

四、想像你置身在艱難或不自在的情境中，從自己的視角看看四周。你看見什麼？場景如何？有誰在場？他們長什麼樣子？你要看見他們臉上的表情、身上的服飾、身體的姿態。

五、現在，將你的想像擴及其餘的感官。你四周有什麼聲音、氣味、味道、質感？

六、不要移動任何一條肌肉，想像你在做那件事。你在說什麼話？嗓音如何？你的聲音如何從身體發出來？你擺出什麼肢體動作？

七、想像你的行動得到正向的回應。例如，假設你在做公開演講的心智雕塑，想像你看見聽眾在座位上向前傾身，反應熱烈，聽得興致盎然。你聽見鉛筆劃過紙張的聲音，因為有一些特別認真的聽眾在作筆記。

八、當你習慣了撥出時間操練心智雕塑，甚至練到不亦樂乎，你可能會自動自發，興沖沖地去做你先前覺得困難的事情。但如果你尚未準備好實際上陣，也完全無妨。涓滴改善的過程絕對不能強求；**只有讓你要締造的改變，在安然自在的狀態下實現，涓滴改善才會成功**。你可以選擇延長心智雕塑的時間，但一樣要慢慢增加，也許只增加三十秒。除非你在前一個階段的心智雕塑已經練到毫不費力，否則不要提高練習的長度和頻率。如果你開始藉故不練習心智雕塑或是忘記練習，那你就該縮短練習的時間。

九、等到你在心智雕塑的練習中，可以自在地做那件事（可能要耗上幾天、幾週，甚至更久），就改成想像最糟糕的情況發生了，以及你要如何妥善地排除狀況。在公開演講時，看到聽眾一副百無聊賴的樣子，聽見他們在竊竊私語，講者可能會開始緊張並感覺到汗水從臉上滑落。因此，講者可以想像在這樣的情境下，自己希望如何談吐、擺出什麼手勢、保持何種心情。

十、當你覺得自己準備好實際上陣，請先牛刀小試一下。以公開演講的例子來說，你可以考慮在無人的房間裡演講，或是請一位親友充當聽衆聽你演講。

第一步……或任何一步

你可以在涓滴改善計畫的任何階段進行心智雕塑。許多人練習心智雕塑的時機，是在他們已經知道自己應該去做什麼事，卻鼓不起勇氣去做的時候。比方說，你知道自己應該多攝取一些蔬菜。你可能選擇每天花十五秒鐘，單純地想像自己在吃花椰菜，而且吃得津津有味！等你習慣成自然，甚至覺得做心智雕塑很愉快的時候，便可以將練習時間提高到三十秒，或任何你喜歡的長度。（接著可以更進一步，使用另一項涓滴改善的技巧，也就是實際吃一、兩口花椰菜。下一章便會介紹採取小小行動的涓滴改善技巧。）

但心智雕塑就跟任何的涓滴改善密技一樣，在締造改變的計畫中，任何階段都能進行。如果你已經練習做某一件事一段時間，卻因爲病痛或時間衝突而暫時無法執行，這時也很適合以心智雕塑代替。即使在成功改變之後，隨時都可以利用心智雕塑，在心裡爲你的新技能或新習慣升級一下。

涓滴改善大補帖 Tips

關於如何用心智雕塑追求明確的目標，以下提供一些建議。記住：捫心自問小小的問題，是為心智雕塑找點子的強效方法。只要問自己：什麼樣的小小行動，可以讓我向目標前進？讓這個問題在心裡醞釀幾天或幾週。待答案出現之後，用心智雕塑來想像自己採取那一項行動。

如果你想要學會控制食量，想像自己坐在餐桌前。看見你的面前有一個餐盤，裡面有吃剩的食物。那食物看起來如何？有什麼氣味？嚐起來是什麼味道？現在想像你放下餐具，無視盤子裡剩下的那一點點食物。餐具碰到盤子時發出了什麼聲音？你拿起大腿上的餐巾，注意餐巾的觸感。放下餐巾，你拉開椅子，聽見椅子刮過地板的聲音，感覺你肌肉的動作。想像你站起來，沒有一絲勉強就走開了。

如果對自己的怒氣阻礙了你作出改變，試試這樣做：想出一個時常導致你批判自己或苛待自己的情境。由於經常批判自己的人絕大部分都待人和善，因此想像有一位朋友或幼童犯下跟你一樣的錯誤，或是看看你認為自己有什麼缺點，想像他們有一樣的缺點，而你要安撫他們。聽見那個人說出你會對自己講的惡言，例如：「我是大壞蛋。」或「我永遠都做不好！」現在想像你在安撫那個人。去體會你對這樣一個深深受苦的人所浮現的愛與憐憫。你會用什麼姿態和言語？

如果想要修復破裂的人際關係，先想一想對方有哪一項惹你生氣的行為，讓你反應過度或迴避此人。現在想像對方又出現那種惱人的行為了，想像你用你認為最合宜的方式回應。你的身體會有什麼感覺？身體是否冷靜下來了，而不是愈來愈激動？你希望跟這人說什麼？用什麼語氣？你想擺出什麼身體姿態？

很多人需要一些助力，才能學會放鬆。選擇一個老是令你惱怒或不耐煩的情境（在大塞車的路段開車，便會讓很多人出現這種反應）。想像你置身在那個情境中，感覺到內心一派平靜，以君子風度對待其他人。如果你想要改善自己對塞車的反應，想像自己坐在車上，肌肉保持放鬆，呼吸深沉而平穩，身體平靜，而你四周的駕駛人正按著喇叭，行為凶橫。想像你寬容地看待其他的駕駛人，甚至想像有人要超車，感覺你向對方揮揮手，允許他切進你的車道。

第四章

採取小小的行動

小小行動是涓滴改善的核心。
當你的行動規模小到幾乎微不足道，甚至小到荒謬可笑，
便能一帆風順地穿越曾經壓垮你的障礙。
就在緩慢卻無痛的過程中，你會培養出對成功的胃口，
一以貫之地成功下去，
走出一條通往改變的恆久全新路徑。

小小的行動是大部分涓滴改造計畫的根基，原因不言而喻：不論你預備多少個小小的問題，練習觀想多少個小小的念頭，遲早都要進入行動的階段。不管你是打算開設自己的新公司，或是面對一位難纏的家人，你總得有付諸行動的一天。但既然我們在談涓滴改善之道，你的第一個行動將會非常小——小到你可能感到彆扭，甚至覺得愚蠢。這無所謂。在你努力改造人生的時候，幽默一點對你有益。底下是我列舉的一些涓滴改善行動的好例子。

沒概念的人多半會覺得這些小小的行動很怪異，但如果你曾經努力締造重大的改變，比如要減肥十公斤、換工作、挽救走下坡的感情，然後在吃盡苦頭之後宣告失敗，你便能夠體會到小小改變的助益。記住，以雷霆萬鈞的大動作進行改變可能會收到反效果。這一類的努力往往沒有考慮到擋在前方的沉重障礙：缺乏時間、捉襟見肘的預算、抗拒改變的頑強心態。前文談過，大刀闊斧的改變計畫，可能會把你在檯面上跟檯面下的懷疑與恐懼都掀出來（如果失敗了怎麼辦？萬一我達成了目標卻依然不快樂呢？），啟動杏仁體的警鈴。你的大腦會以暴漲的壓力賀爾蒙來回應恐懼，降低你的創造力，不給你正向而穩定的能量，讓你不能朝著長程的目標前進。

小小的行動只會消耗微不足道的時間或金錢，而且即使是我們這種意志不堅的傢伙，也都能接受小小的行動。小小的行動可以哄騙大腦，讓大腦覺得：嘿，只是稍微改變一下，沒什麼大不了的。不必太激動。沒有失敗的風險，不會惹得自己不開心。以小小的行動反制恐懼反應，大腦便可以建立長久的新習慣——而且速度可能出乎意料的快。

目標	涓滴行動
停止過度花費	在走到收銀臺之前，從購物車取出一件商品。
開始運動	每天早上在跑步機上站幾分鐘——沒錯，站著就好！
管理壓力	每天一次，觀察身體哪裡緊繃（脖子？下背？肩膀？）。然後深呼吸一次。

保持居家整潔	選擇一個居家空間，將計時器設定在五分鐘，然後開始收拾。計時器一響，就立刻停手。
學習外語	每天記住一個新詞。如果覺得這樣難度太高，就每天練習背誦同一個新詞一、兩次，持續一週，每一週都增加一個新詞。
多睡一點	晚上提前一分鐘就寢，或是早上在床上多躺一分鐘。

既沒空也沒錢？——涓滴改善可完美融入你的生活

如果你跟想要改變的那一大堆人一樣，你或許會對自己說：問題是我要怎麼達成目標啊？我沒有半毛的閒錢——從吃早餐到爬上床睡覺之間，我忙到連想坐下來都沒空！放心吧。**人生最美好的事物都是免費的，小小的行動也不用錢**。而且小小行動只會占用你一、兩分鐘，可以塞進任何行事曆裡面。口說無憑，請容我向各位舉證，一家面臨財務危機的診所，如何每天只多花一點點時間，完成幾個小小的涓滴改善行動，便轉危爲安。

那一家診所找上我的時候，遇上的問題很嚴重。他們要求取消掛號的病患比率很高，這會重創診所的金流。而願意繼續光顧的病患，對診所的評價則非常差。他們進行了書面問卷調查，發現病患不滿他們的主要原因，是候診時間很漫長。

好，即使你不是從事醫療工作，也大概會知道候診時間太長，是醫療院所的常見問題。這通常無可厚非，因爲急診和出乎意料的狀況每天都層出不窮。比如，預約前來治療疹子的病患，可能偶然提到另一項更嚴重的症狀，諸如暈眩或胸痛，突然間，例行的回診治療時間大幅延長，打亂一整天的門診時段安排。

如何安排病患的預約時間實在是很棘手又全面性的問題，以致他們想要用破釜沉舟的手段解決。診所的幹部建議購買昂貴的軟體，來協助他們管理病患的排程，同時輔助醫師判斷應該為每一次診療預留多少時間。另一個點子是聘請一位專科護理師（nurse practitioner），負責在電話中徹底篩檢病患，以精確地判斷會需要多少的看診時間。醫師們甚至考慮分派一位醫師，讓他專門負責沒有預約就上門的病患，這是在下險棋，如果一位醫師只服務臨時上門的病患，便不能收治診所迫切需要的新病患。這些解決方案似乎都不可行，而且診所的經費已經很吃緊，挪不出執行這些作法的財力。診所裡的工作氛圍愈來愈凝重，過勞的醫師、護士、櫃檯人員分為三個陣營，互相責怪其他的陣營導致病患流失，還讓留下來的「顧客」不開心。

這家診所面臨了嚴峻的考驗。但我懷抱希望，因為涓滴改善在醫療領域有得天獨厚的優勢。在醫療現場，最佳的治療方案一定是以最少量的有效診療，治癒病人又不招惹不必要的危險。如果投藥有效，醫生就不動手術；如果單純的休養或改變生活習慣就有療效，醫師就不開藥。我唯一需要出力的地方，便是引導這一間診所，依據他們熟悉的「愈少愈好」原則，重新檢視他們的營運問題。

我請診所人員集合，要他們聊聊自己最棒的跟最糟的消費經驗。大部分人都提到故障的電腦、找麻煩的銀行等等。這時，有人說自己最愉快的消費經驗，則是發生在電話斷訊的時候。我問道：那是最愉快的經驗？他答道，讓那一場風波愉快無比的關鍵，是客服人員立刻向他賠罪，對他被斷訊以及等待客服人員的時間表示歉意。兩天後，同一位客服人員聯絡他，關心他的問題是否都解決了。其他人紛紛附和，**只要一個道歉與一點點關懷，便能輕鬆改寫他們最不開心的消費經驗**。他們說，每個人都曉得大限未到的硬碟一樣會掛掉，銀行也可能犯錯。而**決定一件事情愉快與否的關鍵，是你向對方說明出問題的那幾分鐘發生了什麼事**。

他們的結論是，病患就和銀行的顧客及電腦的主人一樣，很清楚誰都會出狀況——診療時間未必是醫師能控制的。其實病患討厭的是走進診所大門時的無力感，不只自己的身體要任人宰割，連時間也是別人說了算。在那當下，便是提出涓滴改善問題的完美時機：關於候診時間太長的問題，你可以在幾秒鐘的時間內，做些什麼不必花半毛錢的事，來改善病人的觀感？

診所人員踴躍地接受了挑戰。他們判斷在看診時間延誤的時候，可以輕鬆採取以下的幾個步驟：

- 櫃檯人員親自為病患解釋久候原因，並交代大概多久後可見到醫生。
- 讓病患決定要不要改看另一位醫師，或是更改預約時間。
- 對於等了一段時間才分配到看診室的病患，護士或護理師要主動向他們道歉。
- 醫師在走進看診室的時候，要向病患道歉。
- 在離開看診室之前，醫師要謝謝病患選擇到這間診所看病。
- 最後，櫃檯人員要在病患走出大門時，向病患第二次道謝。

這些改變涉及幾個簡短的句子，主要是「對不起」和「謝謝」，無疑是最微小的行動。但診所人員執行這些改變之後不久，問卷調查的結果顯示病患的滿意度翻了一倍，診所流失的病患數目下降了六成。別忘了，平均候診時間仍然跟以前一模一樣。但現在病患會說：「看病時這麼受重視，這還是第一次呢！」以前在診所內開戰的幾個陣營都放下干戈，很滿意他們每個人都可以用這麼簡單又有效的作法，共同達成他們的目標。

行動規模這麼小，收效會不會很慢？

涓滴改善的行動或許很微小，改變卻常常來得很快。以我輔導診所的實際經驗，有時只要一個小小的行動，便能帶動大幅度的改善。你可能會發現，僅僅是作出一個微小的改變，也許只是每天晚上花五分鐘收拾散落的玩具與家用品，就滿足了你想要讓家裡整潔一些的目標。

如果你的目標是進行一項你非常抗拒的活動（例如運動健身），或是革除一項不好的習慣（或許你常用血拼放鬆心情），**你可能會發現一項小小的行動不足以改變你。但那一項小小的行動，確實可以帶領你輕鬆前進，啓**

動**第二項行動，第三項行動，依此類推，直到有一天**，你發現自己已經駕馭了轉變。

我們回到茱莉的例子，那一位沒空運動的單親媽媽。她從一項小小的活動開始做——每天只在電視機前方踏步一分鐘。這項活動對她的心肺功能沒有幫助，但在茱莉身上，卻有另一項可能更重要的效益。**這打開了機會之窗，讓她將運動融入生活**。兩週後，茱莉覺得不妨把踏步時間，延長爲一整個廣告時段。熟練之後，她決定試試在兩個廣告時段踏步。之後她就忘記要停步了。廣告結束後，節目繼續播，而茱莉仍然在活動筋骨。幾乎就在不知不覺間，這一位超級大忙人找到了方法，達成美國醫學會（American Medical Association）建議的運動量，幾乎每天都做三十分鐘的心肺運動，還可以樂此不疲。這成了她的習慣，要是哪一天沒做，還會覺得怪怪的。

如果要採取小小的行動，明瞭自己是在平息恐懼並且建立新習慣，那你必須懷抱信心，樂觀以對。**有些人覺得涓滴改善滯礙難行，問題不在於涓滴改善的行動太艱鉅，反倒是因為太簡單**。他們割捨不下文化的薰陶，認爲改變一定要一次到位，一定要建立鋼鐵般的個人紀律，絕對不能輕鬆愉快。我們認爲要嚴格對待自己，督促自己做得更多、更快，改變的成效也會更好。我們說：一天一分鐘，要怎麼達成目標？以這個速度，要磨上好幾年耶！但涓滴改善要求我們沉住氣。我們要相信採取小小的行動，更能克服心智一開始的抗拒心態，作出改變。**改變會在何時發生，不是我們能控制的——一如我們也無法指出自己是在哪一刻達成目標，比如學會開車、滑雪、或彈吉他。我們只要相信，心智將會融會貫通，遵循我們傳送給它的指令。**

我沒辦法逼自己去做！——涓滴改善如何消融最頑強的抗拒

每年的元旦前夕，大家習慣會爲新的一年擬定一份目標清單：我們要減重、生活要更有條理、要管理壓力等……我們打算實踐這些目標，一口氣做到全部，並且從第二天開始執行。但一遍又一遍，我們實在榨不出足夠的意志力，去進行如此龐大又突如其來的變革，即使眞的行動了也撐不久。調查研究顯示，我們一般會連續十年訂立相同的新年目標，四分之一的目標會在十五週之內放棄，來年又捲土重來。與其年年都墜入失敗的窠臼，涓滴改善給了我們另一條路。

多年前，在我還沒聽說涓滴改善的時候，曾經與許多人一起聆聽名號響噹噹的疼痛專家講課。疼痛的時候，未必都能以藥物與其他的醫療方式控制，但冥想之類的精神技巧可大幅降低疼痛的不適。這位疼痛專家鼓勵每一位聽眾在散場之後，每天都冥想一分鐘。我實在太吃驚了，便在講堂結束後去找他，詢問他爲什麼認爲一分鐘的冥想能幫得上忙。他以耐心十足的口吻，問我冥想的技術問世多久了。

「兩、三千年。」我說。

「沒錯。」他告訴我。「因此今天的聽眾很可能早就聽說過冥想了。覺得冥想很不錯的人已經找到老師或書籍，平時會自己冥想。而其他的聽眾呢，他們覺得冥想是糟糕透頂的點子。與其讓他們拒絕冥想三十分鐘，我寧可他們回家後會冥想一分鐘。也許他們會喜歡上冥想。也許他們會忘記停下來。」

我相信他是對的。針對遊說技巧進行的研究一致顯示，**涓滴改善的威力足以消融最頑強的抗拒**。有一項很幽默的研究，是請志工在南加州的一個住宅區詢問屋主，能不能他們住家的一扇小窗戶上貼一張「小心駕駛」的小標語。多數屋主都願意。研究人員找到另一個大同小異的住宅區，但沒有派人請屋主張貼標語。兩週後，研究團隊詢問兩個住宅區的屋主，是否願意在屋子前面的草坪上，架設「小心駕駛」的廣告看板。在屋主看到的示意圖上面，廣告看板是龐然大物，屋子相形之下顯得矮小。而且看板上的字體還歪七扭八，好讓這項提議更不討喜。在研究人員沒有請屋主張貼小標語的住宅區，八十三%的人拒絕架設看板；但是第一個住宅區的人已經先採納了張貼標語的小小行動，他們有七十六%的人同意裝設看板。他們的小小行動，讓願意採取大行動的人變成四倍。其他的研究也有相同的結果，顯示一開始的小小行動（配戴一個慈善機構的別針、在海邊爲陌生人看守物品），可以消弭大部分的抗拒心態，讓人願意採取後續的大規模行動（捐贈較高額的金錢給慈善機構、如果發現有人要偷陌生人的物品，會出面制止）。現在想想看吧，用小小的行動來粉碎你的抗拒心態，讓你作出由衷想要的改變，一定會很有效的！

我一遍遍地以涓滴改善的技巧，輔導那些老是訂立相同目標的人，他們一直想要變苗條，或有條理，或更放鬆，卻很排斥調整作法，作出必要的改變。比如，在加州大學醫學院的醫療中心，我見過一些打死都不肯用牙線的人。他們知道自己承受了蛀牙跟牙周病的風險，也覺得應該養成用牙線的習慣，卻似乎不能將知識化爲行動。因此，我請他們每天用牙線清理一顆牙齒。他們覺得這小小的一步簡單多了。天天用牙線清潔一顆牙齒一個月之後，他們有兩項收穫：一顆非常乾淨的牙齒，與拿起那一條不起眼的牙線的習慣。

擁有一顆乾淨的牙齒本身便是一項成就，但多數人不會想要就此打住。有的人會在下一個月用牙線清理兩顆牙齒，但大部分人會發現他們的新習慣很強大（反正，他們已經拿著一截牙線，站在鏡子前面了），所以清理了三、四、五顆牙齒。不出六到十週，大部分人會用牙線清潔每一顆牙齒。（有的人會忘記每天都要清潔一顆牙齒的例行公事，我會請他們增加另一項涓滴改善的步驟：在遙控器上綁一截牙線，或是在浴室的鏡子上黏一截牙線，作爲提醒。）

我也見過不曉得多少位始終無法養成規律運動習慣的人，我見到他們因此而承受病痛。這些人往往工作過度，一肩扛起太多擔子，壓力太沉重。這些病人實在不曉得要如何遵循建議，每天騰出三十分鐘運動。他們的日子已經夠辛苦了，無法想像居然還得自動自發地搞到汗流浹背，讓日子更難捱。也許他們擔心一旦採取新的健康觀點，他們的其餘習慣會一無是處。我當然同情他們的處境。而涓滴改善正是毫不痛苦又簡單的作法，對他們特別有吸引力。

打死都不想運動的人，可以比照茱莉的模式，從每天在電視前方踏步一分鐘開始運動。不久，他們便能夠養成習慣，願意再增加幾分鐘的運動量，然後又往上添個幾分鐘，直到可以充滿熱忱地投入健康的運動計畫。

涓滴改善大補帖 Tips

想要健康亮麗的氣色，或許最好設定較低的目標。只要幾個正向的轉變，便能帶來驚人的成效，有效改善你的身心健康。近期的研究極力主張，減輕一成的體重（假設此人原本就過重）可以大幅降低罹患糖尿病的風險、高血壓、睡眠呼吸中止。阿德菲大學（Adelphi University）的研究顯示，一週四天，一天只使用四分鐘的跑步機（一定要達到最大心率的七十%），有氧能力便提高十%——百分比與一天運動二十分鐘的人一樣！

我見過一位想要運動的女性，連昂貴的跑步機都買來擺在家裡了，卻依舊逃避做運動。我真的提不起跑步的勁，她心想。於是，她採用涓滴改善的作法。第一個月，她站在跑步機上面，看看報紙，喝喝咖啡。第二個月，她享用完咖啡後，在跑步機上走路一分鐘，並且每週增加一分鐘。

她最初幾個月的小小行動，會讓大部分人覺得荒謬。其實不然。她是在培養對運動的耐受力。不久，她「荒謬」的小小行動，累積成每天跑步一公里的穩定習慣！注意，**逐步建立規律運動計畫的過程，與一般的模式恰恰相反，一般人會一夕之間開始運動，幾週後便故態復萌，又窩在舒服的沙發上了**。

當你爲自己規劃小小的行動，締造改變，你要記住有時候，儘管你的計畫盡善盡美，抗拒的心態依舊會擋住你的去路。**不要放棄！試試縮減你的行動規模**。**記住，你的目標是繞過恐懼而行。行動的尺度要小之又小，令你幾乎察覺不到自己的努力**。如果你的行動夠簡單，通常心智便會出面主導，躍過障礙，達成你的目標。

有時候，涓滴改善的改變速度確實是慢吞吞的，必須全程採取小小的行動，直到從起點走到終點。如果改變的速度慢到令你灰心，問問自己：慢慢地轉變總比以前的老樣子強吧？以前可是完全無法改變呢。有一位在英格蘭長大成人的女性，是這個策略的有趣範例。十三歲時，她覺悟到每天喝茶時加上四匙糖，對身體不好。她憑著意志力與自我控制，將原本的四匙糖減少三匙，但加最後那一匙糖的習慣相當頑強。當她察覺自己的意志力不夠堅定，無法忍住不加最後一匙糖，她舉起湯匙，只移除一粒糖，然後將剩餘的糖加進茶裡。第二天，在將糖加進茶之前，她取出兩粒糖。她持續這個過程，每天都多拿走一、兩粒糖。她花了將近一年，才移除湯匙上的全部糖粒！她娓娓道出這個故事時是四十五歲——喝茶依然不加糖。

新年目標，涓滴改善新路線

以下列舉幾個最熱門的新年目標，還有一連串的涓滴改善步驟，我有好幾位個案，都憑著這些步驟踏上成功之路。要判斷什麼才是適合自己的步驟，請見本章最後的「涓滴改善超強密技：你第一個要採取的小小行動是什麼？」。

新年目標：吃得健康一點

小小行動

一、從會讓你吃的肥滋滋零食挑出一種，在吃的時候扔掉第一口。持續一個月。這個過程可以讓你在面對一大份食物的時候，學習少吃一點。

二、第二個月，扔掉第一口以及第二口。

三、扔掉三口零食一個月（依此類推，直到你覺得自己沒必要再吃那一種零食，或是已經沒有剩餘的零食可以扔掉了）。

四、一旦你放棄了這一種零食，在你吃其他種類的零食或正餐時，專注在放慢速度。進食的時候，在兩口之間放下食物，手擱在大腿上，徹底咀嚼。只有等你呑下前一口食物之後，才可以再度拿起食物。

新年目標：做運動

小小行動

一、假如你眞的捨不得離開沙發，買一個握力器（或用舊的網球也行），在看電視時操練。這可以燃燒一點點熱量，讓你調整心態，重新建立要活動筋骨的念頭。

二、等你準備好活動筋骨，每天出去走一段馬路，或是少搭一層樓的電梯，改走樓梯。

三、每天多走一棟屋子的距離，或是在爬樓梯時，在某一階重複多踏一次，直到你覺得這個習慣穩定下來。

四、爲了拓展你對運動的胃口，想一想你最樂於投入的活動——游泳？滑雪？打網球？找一張那一種活動的精彩畫面，放在冰箱上、電視上，或鏡子的一角。

新年目標：存錢

小小行動

一、將存錢的目標設定爲每天節省一美元就好。一個達成目標的方法，是調整一項每天進行的日常購買。也許你可以放棄金額較高的大杯拿鐵，改成小杯的普通咖啡。也許報紙可以改看免費的網路版，不去書報攤買。存下你節省的每一塊錢。

二、另一項每日節省一美元的戰術，是與一位朋友分攤一種日常的享受。買大杯的咖啡，倒進兩個小杯。買一份報紙，跟朋友輪流看不同的版面。

三、如果每天節省一美元，年底便會有三百六十五美元。開始擬訂清單，列出你要用這一筆額外的金錢做些什麼，每天想出一個點子。你會學習到去考慮較高額的長程財務目標，而不是著眼在當下的低價享受。

新年目標：多多認識人

小小行動

一、想一想你可以在什麼場合（也許是宗教會所、成人進修教育的課堂、運動社交的群組），結識志趣相投的人。把地點寫下來。

二、每天都想出一個額外的地點或群組，寫進你的清單。記住，這不是待辦事項；你只是在蒐集點子。

三、想一想你認識的人裡面，誰過著充實而愉快的社交生活，詢問這個人都在哪裡結交朋友。

四、假如你想加入某一個俱樂部，卻覺得自己太忙，不妨維持極低度的初期參與就好。也許你只打算出席一次聚會——並且向自己擔保，待個十五分鐘、二十分鐘就走人。這可以協助你培養對社交活動的胃口，又不會毀掉你的行程。

新年目標：請求加薪

小小行動

一、開始列出為何你值得更高薪資的理由。每天，都在清單增加一個原因。

二、每天抽出一分鐘，模擬大聲向老闆提出請求。

三、延長模擬的時間，直到你覺得準備就緒，可以跟老闆面對面了。

四、在你實際請求加薪之前，想像老闆給你吃了閉門羹，但你走出他的辦公室時，依然覺得自己很成功，對自己的努力感到自豪。（這個步驟，其實是一種心智雕塑的練習，可以協助你應付任何揮之不去的恐懼。）

新年目標：更善用時間

小小行動

一、把會占用你的時間，卻對你無益或不能振奮你精神的活動，一一寫在清單上。看電視、逛街、閱讀令你不舒服或不能帶給你收穫的讀物，都是浪費時間的常見根源。

二、想想你樂於嘗試的事物，挑出比你目前的活動更有益處的那一些，記錄下來。每一天，都在清單裡增加一個項目。

三、當你辨識出想要嘗試哪一些有益的活動時，就去試上一輪——以淺嚐、不會造成壓力爲原則。如果你想要寫日記，寫吧，但向自己承諾，一天只寫三句話。如果你想要上瑜伽課，或許你可以先只是去教室的門廳坐著，看著學員來來去去。不久，你會發現自己愈來愈投入這些活動。而你幾乎不會意識到，自己守在電視機前面的時間變少了。

四、每天，寫下一位你認爲生活很充實的人。將那個人跟你作風不一樣的地方，寫下一項。

用涓滴改善革除惡習

對於想要戒斷不健康癮頭的人，他們最艱鉅的挑戰之一是成功了一陣子之後，壞習慣又回來了，而且時間漫長。不論讓他們上癮的是香菸、垃圾食物、酒精、毒品或其他東西：即使都已經斷絕癮頭好幾個月了，他們卻常常會故態復萌，變回老樣子。但是，他們並不是沒有指望。我見過許多人憑著小小的行動，根除了癮頭。

我開始建議個案用涓滴改善的步驟戒除癮頭，是因爲我注意到戒菸失敗的人常會講同一句話。他們會告訴我：「香菸是我的朋友。」有時候，他們會在說的時候哈哈大笑，但那是他們的眞心話。我發現，這些癮君子的父母，往往無法給子女穩定的良好照顧。他們在童年時期，很快便學會了隱瞞自己的困擾，絕口不跟任何人訴說自己的傷心事。

自立自強是他們常用的手段，但這並不是面對生活逆境的好方法。原因在於我們天生自然的「設定」，便是在緊張焦慮時尋求外援；這是我們的天性。想一想當孩童在三更半夜被噩夢或雷雨驚醒時會怎麼做。他們會本能地跑去父母的床鋪求助。孩子會黏著媽媽或爸爸，接受安撫，一會兒後便在大人的懷抱裡入睡。如果這種自然的調適程序被阻斷，也許是父母不在身邊，也許是父母無法給予溫暖的陪伴，孩童便會改用自立自強、堅忍來調適自己。等到這樣獨立自主的孩子長大成人，香菸、食物或其他物質，便成爲可靠的夥伴，提供始終不渝的慰藉，是可以仰賴的對象——但是會帶來糟糕的副作用，諸如病痛、肥胖或是更悲慘的問題。若是這樣的人試圖戒除癮頭，又沒有學會向其他的人求援，便不太可能成功戒除。失去這個「朋友」的人生實在太恐怖了。

我的個案芮秋年約四十五歲，她的人生與上文的描述一模一樣：在孩提時期，芮秋便下定決心，她永遠不要依賴任何人。她說到做到。她教導自己要財務獨立，她有能力處理家事與公事，不需要協助。但她始終沒有培養接受別人撫慰的能力。芮秋把好幾個人視爲朋友，享受他們的友誼，但她從不跟他們談心，也不會透露自己的私事。她交往的對象都是保持疏離的男士。但我們總是需要一點外援，而芮秋的外援是香菸。在事態嚴峻的時候，她會帶著「知心好友」去外面，然後抽菸。尼古丁在她鬱悶的時候振奮她的心情，在她焦慮的時候帶來平靜。

芮秋找上我，是因爲她知道自己必須戒菸，戒一輩子。頻頻發作的呼吸道問題，讓她認清了可怕的事實。芮秋以前時常成功戒菸一、兩個月，但你一定猜到了，她總是會重新投入香菸的懷抱。

我知道沒必要請芮秋嘗試最新的戒菸技術。她顯然是有紀律的人，以前便試過自主戒菸了。但**一個人是否能夠活出成功的人生，最穩當的指標是看這個人遇到麻煩或恐懼時，會不會去搬救兵**。如果芮秋眞的要斬斷菸癮，一定要學會信任別人，找到可以取代香菸的人類夥伴與知心好友。而且，我們都知道她的健康岌岌可危；她大概沒有再拖個幾年的本錢，與心理醫師詳細討論完她的童年，然後才再度挑戰戒菸。她也沒有那種耐性；依我猜想，那麼深入的心理治療對她來說，大概太艱鉅也太驚悚了。

芮秋的第一個小小行動是一天一次，傳一則語音訊息給我。她只要說一句話：「嗨，我是芮秋。」她很訝異地發現，這麼芝麻綠豆大的行動，居然令她緊張。她隨即明白這項行動的價值：如果你一輩子都努力不跟人扯上關係，打電話到語音信箱的簡單行動，便違反你永遠不要依賴別人的誓言。等到她不再畏懼這個行動，我們約定在她即將抽菸之前，也打一通電話。這不是要羞辱芮秋，讓她因而戒菸。我們講好了，她愛抽多少菸都隨她，只是抽菸之前要打聲招呼。她會說：「嗨，我是芮秋！我現在要抽菸！」因爲芮秋已經學會了不要渴求人類的陪伴，我想用不會嚇到她的方式，養大她對人類友伴的胃口。同時，我也是在芮秋與她的「知心好友」接觸之前，增加一個步驟。我們這麼做了一個月。

然後我請芮秋用日記書寫心情。研究顯示，以日記記錄喜怒哀樂的人，可以得到許多的身心益處，就如同與醫師、牧師、朋友談話的人一樣。我相信撰寫日記的效果如此宏大，是因爲對許多人來說，認定自己的心情很珍貴，值得記錄在別人不會看的本子上，是一件大事。**心理學的研究指出，個案應該一天寫十五到二十分鐘的日記，才能從撰寫中獲益**，但芮秋絕不可能爲了照顧自己的心靈，騰出那麼長的時間。因此，我們從讓她每天只寫兩分鐘做起。我們採取了寫日記的行動，加上打電話，如此做了兩個多月。芮秋的大腦開始在芮秋沮喪的時候，想起自己的日記和我。這時，芮秋很訝異地發現自己抽的菸，數量減少了三成，而她根本沒有嘗試戒菸。

接著，我請她在日常作息中，再增加另一項涓滴改善的步驟——提出小小的問題。她必須想像有一位好朋友（人類！）總是待在她身邊，而她要問自己，她希望這位朋友在當下做些什麼——也許是聽她誇耀自己的成就，或是在她思索午餐要吃什麼時，陪她聊天。這些問題開始生根。（關於涓滴改善的小小問題有何威力，請見第二章〈提出小小的問題〉。）不久，芮秋開始打電話給眞人，這些朋友似乎值得她冒這個險，當她隨手幫他們一點小忙，也得到美好的體驗。大約在這個時候，芮秋重拾以前使用的戒菸技術。不出一個月，她已經停止抽菸。而這一回，她不是只戒斷一陣子，到目前爲止，芮秋已經兩年沒碰香菸了。

涓滴改善超強密技：你第一個要採取的小小行動是什麼？

以下是我會向幾乎全部個案推薦的練習，我自己也持續在做。這項練習可以獨自進行，但我發現大部分人還是要邀請可靠的夥伴一起練，效果才會好。

首先，檢視你的生活，篩檢出最容易從微小的行動邁向卓越的領域。然後，用涓滴改善的技巧提出小小的問題，判斷最適當的第一步。假設你選擇的主題是健康，請你的夥伴問你這個問題：

你可以用什麼芝麻綠豆大的行動，來改善你的健康水準？

大多數人一開始會說些「減重」、「多運動」之類的話。這是很好的起點，但減重或運動，一點都不是芝麻綠豆等級的小事。其實，大部分人會比照創新的那一套，來實現這些目標，比如節食、開始每天跑步，然後失敗。**讓我們找出真的小之又小、乍看微不足道的行動。**

這便是夥伴可以幫上忙的地方了。夥伴可以戳破你的「自欺欺人」，也就是你想出的答案夠小，符合涓滴改善的風格，讓你覺得自己已經完成了這項練習，但其實你的答案依然夠大，可以滿足在你的腦袋裡橫行霸道的挑剔大王，而他要求你現在就採取魄力十足的大動作。為了避免這種情況，你的夥伴要反反覆覆地詢問你同一個問題，直到你的大腦吐出一個正宗的涓滴改善答案，給你一項簡易的行動，輕鬆到你可以保證自己天天都會做到。

於是，你的夥伴又問了：

你可以用什麼芝麻綠豆大的行動，來改善你的健康水準？

或許你會回答「少吃一點」。

換個答案吧！這種模糊的目標可以滿足在我們腦袋裡咄咄逼人的自我批判大師，卻是難以達成的目標，想要持之以恆就更難了。

你可以用什麼芝麻綠豆大的行動，來改善你的健康水準？

不吃巧克力。

這是比較具體的行動，但野心依舊太大。嘿，如果巧克力是那麼輕鬆就戒得掉的東西，減肥業就要喝西北風啦。再換個答案吧。

你可以用什麼芝麻綠豆大的行動，來改善你的健康水準？

少吃一點巧克力。

很接近正確答案了，但不能用雪茄巧克力[11]代替喔。仔細看，**當你一再聽到相同的問題，大腦便開始把問題聽進去，玩味反芻，端出更有創意的點子。**

你可以用什麼芝麻綠豆大的行動，來改善你的健康水準？

那改成這樣呢：吃巧克力，但扔掉第一口。

這就對了！這是學習節制飲食的好方法。你的眼睛會看到整條的巧克力棒，而大腦則會在你開動之前，先移除一部分的分量。（扔掉最後一口的難度太高了！）**當你確定那是你辦得到的行動，一如確定太陽明天依舊會升起，那便表示你提出的行動規模已經夠小了。**

另一個熱門的涓滴改善標的，則是辦公桌。大家時常回答，他們願意在每天早晨的第一個小時，將文件歸檔、清除無用的垃圾等等。但是當我詢問他們：「你能不能拍胸脯保證，即使你忙到天昏地暗，都會抽出一小時來整理東西？」答案是不行。最後，對方決定在每天收工之前，只花兩分鐘來幫文件歸檔，甚至只收拾一份文件，或者，請擅長整理的人傳授一個訣竅。

那麼，如果目標是與形同陌路的父母和解呢？舉辦盛大的團圓聚會，大概會讓雙方都很無力。那邀請父母來吃頓飯，或是只用電話聊聊天呢？再說一遍，最適當的第一步，是你能夠說出「不管我再害怕跟父母講話，我知道自己做得到這件小事」的行動。對許多人來說，這樣的第一步可能是**每天花一分鐘，想一想父母的正向特**

質。還有一種初步行動，相當適合父母是嚴厲的權威型人物的人，他們可以**每天以一分鐘時間，思索父母的恐懼或不安全感**。這個小小的行動，可以協助他們從人性的角度，看待情感壓抑的父母。

悉心確認自己的第一步真的是小小一步，便是給自己最高的勝算。一旦嚐到小小行動帶來的喜悅，便可以自己判斷是否到了採取下一步行動的時機。當你會自動自發地做到目前的行動，不費吹灰之力，甚至樂在其中，便曉得自己準備好進入下一步了。但如果你覺得時候未到，不要因為別人逼你，就加快前進的速度。只要使用前文的練習，找出最適合你的第二步，一樣要確認一下，那是你一定做得到的事。之後再踏出第三步，以此類推，直到你的大腦克服了抗拒的心態，帶著你加速前進。只要哪天你覺得自己懼怕採取行動，或是找藉口不去執行，便是到了該縮減行動尺度的時候了。

11 雪茄造型的巧克力棒。

Notes

第五章

解決小小的問題

我們太習慣忍受生活裡的細微困擾，
以致有時不太容易察覺自身的困擾，更別說去解決了。
然而，這些惱人的事會越滾越大，
遲早會堵死你的改變之路。
訓練自己辨識小小的煩擾，著手解決，
日後便不必為了修正問題而吃盡苦頭。

豐田汽車在第二次世界大戰之後的重建歲月裡，展開一項大膽的實驗。豐田汽車才華洋溢的經理人，大野耐一（Taiichi Ohno），改變了裝配線的一項基本規範。在大野之前，汽車公司幾乎都遵循同樣的程序——汽車底盤會在裝配線上移動，由一位接著一位的工人組裝零件。工人只負責自己分配到的部分，其餘一概不用管。在生產過程中的任何失誤，都由坐鎮在裝配線尾端的品管檢驗員修正。

大野的想法不一樣，顯然是受到愛德華茲．戴明的影響，他追求的是小而持續不輟的改善。大野決定在裝配線的每個工作站都安裝一條拉線，任何工人一旦看到瑕疵，都要拉那一條拉線，讓裝配線全面停擺。大野確保了工程師、供應商、裝配線的員工攜手同心，徹底揪出問題，設計解決方案，而且最好是當場排除問題。

其餘的製造商都認爲這太荒謬，違反量產的基本原則。如果裝配線隨時都會停擺，只爲了讓某個突發奇想的工人修正一個小瑕疵，公司組裝產品的速度怎麼快得起來呢？

結果，大家普遍的認知被推翻了，事實證明大野的作法才是製造汽車的最佳方式。**在現場修正小瑕疵，可以杜絕日後的大問題**。可惜，不是每一家企業都懂得效法豐田的經驗，在小問題發生時，粉飾太平的誘惑依然很強烈。例如，經營石油及天然氣業務的英國石油公司（BP），漠視從二〇〇一年至二〇〇七年之間的三百五十六次「小」漏油事件。督察員兩度向他們提出疑慮，但石油工業的專家都置之不理。直到二〇一〇年，英國石油公司才不得不承認忽略這些「小」警告的後果：就在那一年，深水地平線（Deepwater Horizon）鑽油平臺爆炸，造成兩億加侖原油汩汩流進墨西哥灣，造成史上最嚴重的漏油事件。

一則奇妙卻真實的搖滾傳奇故事，則彰顯了用小小的涓滴改善措施，預防犯下昂貴錯誤的成效：范．海倫（Van Halen）樂團與演唱會宣傳簽訂合約時，合約條文都會明訂在樂團演出之前，必須在後臺備妥一碗 M&M 巧克力豆，不僅如此，褐色的 M&M 巧克力豆還必須統統拿掉！否則只要讓他們發現一顆，演唱會便取消，但范．海倫樂團照樣可以領取酬勞。

乍看之下，這只不過是搖滾樂團過度自戀的又一例證。范．海倫樂團的巡迴表演，是最早將高度精密的器材、極至複雜的舞臺特效帶進表演場地的樂團之一。他們的傳奇主唱大衛・李・羅斯（David Lee Roth）說：「我們會出動九輛裝滿器材的十八輪大貨車，一般只會用到三輛。技術問題實在太多、太多了。當我走到後臺，要是我看到碗裡有褐色的 M&M 巧克力豆，我們便會檢查全部的表演器材。保證你會找到故障。保證你一定會碰上麻煩。」但有多少次，我們急著達成目標，看到了隱憂，然後將隱憂重新歸類爲「正常」，只爲了閃避問題？

當我們試著做出改變，或許會忍不住想要忽略細微的警訊，而警訊在說：這邊不太對勁。你得慢下來，回溯你的來時路，進行查核。如果一直迴避這些小問題，小問題會不斷壯大，直到一切都一團糟，裝配線不得不停下來作改變，產品宣布回收，既痛苦又曠時費日地拆解如今已經坐大的問題。現在就專注在小問題上，可以省下經年累月的昂貴修正。

涓滴改善超強密技：學會揪出小問題

人家說，後見之明總能明察秋毫，在灰泥牆吸飽雨水之後，一定更容易看出天花板的裂痕。但想要訓練自己清楚辨識出警訊，是辦得到的。試試以下的練習，來磨練你對小問題的敏銳度：

一、回想你在人生中犯下的一項重大錯誤。現在，用一點時間回顧，在出事之前，你是否已可以從一些小小的異狀，看出事態的發展不符你的計畫或期待？當時你必須採取什麼手段來修正問題？是否有停下「裝配線」，從頭來過？你是否漠視問題，希望自己依然可以準時達成目標？

二、指出一項你今天的小過失，不要因此生自己的氣。僅僅是這麼做，便能夠增加你對小錯的覺察能力，尤其是如果你每天都這麼做的話。

三、現在詢問自己，你在前面練習二辨識出來的小錯，是否反映了更大的問題，或者是否有愈演愈烈的隱憂。（例如，假設你將車鑰匙放錯地方，問問自己，是否同時處理太多事情了，還是這陣子過度散漫，可能因此犯下嚴重的錯誤。）留意這些錯誤，便能夠降低犯錯的頻率。如果你覺得這項錯誤指出了生活中更重大的議題，問自己：我可以用什麼涓滴改善的行動，修正這個情況？

四、問自己有沒有令家人、朋友、同事、顧客不滿的地方。單憑這份新的自覺，便能夠降低你重蹈覆轍的機率，但你也應該自問，這些錯誤的根源是不是一個更大的問題。如果你可以將失誤歸納到更大的議題上，修正問題的動機便會更強烈！

當你沒有失敗的餘地

大多數人都非常不願意失敗，但是對某些人以及企業來說，失敗可不只是帳面出現赤字，或是個人的抱負化爲烏有。他們的失誤可能會害人賠上性命，甚至造成大規模的傷亡。心理學家研究那些沒有犯錯餘地的組織，調查他們的防範措施，不論我們日常行爲可能造成何種程度的風險，這份研究的結論都值得我們每一個人參考。

其中最有趣的研究是由卡爾・E・威克（Karl E. Weick）博士主持的，他是密西根大學（University of Michigan）商學院的心理學家。他的研究對象是急診室、航空母艦、空中交通管制塔臺、核子反應爐中心、消防從業人員。他將這些群體稱爲「高度可靠組織」（high-reliability organization, HRO），亦即他們的服務至關重大且牽涉廣泛，人人都必須找出不會失敗的做事方法。威克博士說，這些運作良好的團隊有個共通點：「可以察覺細微至極的警訊，採取強勢且果斷的行動，這就是他們的特色。」

例如，在美國航空母艦的甲板起降的飛官，都是因爲臨危不亂、可以從容判斷情勢而得到晉用。他們也使用許多高度專業的自動化控制系統，來加強起降的安全。但當你要將飛機降落在汪洋中的船艦上，別說犯錯了，即使是小小的失誤，後果都可能不堪設想。飛官與船艦官兵接受的訓練是，不能假定系統會自己好好運作。他們會搜尋最微小的異狀，以防狀況不對。當飛官在航空母艦周邊盤旋，準備卸下多餘的燃料，他們會仔細聆聽飛官說話時，聲音有沒有情緒緊張的細微跡象。他們每天都步行檢查航空母艦許多次，尋找「異物」，也就是可能被吸進噴射機引擎的東西，而他們如此謹小慎微，就是認爲一切可能出錯的事，都會出錯。他們也極度關注每一次降落的情況。航空母艦的甲板上有四條攔截索，可以鉤住飛機的尾鉤。飛官力求不鉤到第一、二條攔截索（代表過早降落）以及第四條攔截索（差一點就錯過甲板，墜海）。第三條攔截索是最適當的。他們會檢討鉤到第一、二、四條攔截索的降落過程，讓飛官及船艦人員辨識造成誤差的原因，予以修正。

我們都可以將這一套高度可靠的策略用在自己身上，以一絲不苟的態度，留意生活中的隱約警訊。幾年前，我去帶領一個提升創造力的週末工作坊，遇到了艾美和法蘭克。在那三天的課程裡，我跟這一對夫妻都混熟了，一回，艾美主動說，她希望法蘭克向我求助，解決開車時脾氣火爆的問題。她的丈夫承認，自己太常對著其他駕駛人破口大罵（他們住在交通壅塞的洛杉磯，常有暴怒的機會），但他認爲區區一個小毛病，請心理學家出馬解決未免小題大作。

我對法蘭克說，這個看似無關緊要的問題，値得他關注。有非常棒的研究發現，與生活形態相同（包括類似的運動習慣與飲食習慣）但性情溫和的人相比，以憤怒回應逆境的人，因心血管疾病早逝的機率是前者的七倍。我還指出，法蘭克已經在車上裝設最新款的娛樂設施，若是他坐在這麼舒適的車上，而且夢寐以求的女性就坐在他身邊，他卻依然無法享受在車上的時光，一旦將來遇到免不了的人生重大關卡，恐怕會很難苦中作樂。何不將他的車當作教室，用來學習控制他的情緒與關注的焦點？

心血管疾病風險的數據，打醒了法蘭克。我思考著，單單是知道那樣的風險存在，便可以抑制他在駕駛時的暴怒反應。而我在加州大學的課程教導一套降低心血管疾病風險的行爲策略，我認爲法蘭克可以從中受益：每次坐在方向盤前面，他都要幫其他駕駛人一個小忙。現在，他不再繃緊神經地來查看誰是可能擋路的「混蛋」，而是將心思用在尋找機會，揮揮手，讓另一位駕駛人切進他的車道。（另一項技巧是別聽新聞，改播輕音樂，讓心情放輕鬆，不再處於激動情緒狀態。）沒多久，法蘭克說他的耐性與愉快的心情都攀上新高，而且不止是在車上。他很感謝艾美及早指出了他的「小毛病」。

但我注意到艾美辨識小問題的能力，可能異常敏銳，而且憑著直覺，意識到問題的嚴重性。我們一般人不是在高度可靠組織服務，工作時沒有面對生死交關的壓力，因此可能很難辨識出這些惱人的小事，更別說正視這些小狀況，可能變成大禍害。姑且讓我爲你列舉三種情境，這些是我們所有人都特別容易忽略的小小生活問題。然後，你可以用額外的警覺彌補，一如你會用後照鏡與頻繁的查看，彌補駕駛時的視野盲區。

天下難事，必作於易；天下大事，必作於細。

——《韓非子．喻老》

第一號盲區：在剛踏上改變之路時

蘿芮兒因爲婚姻亮起紅燈來找我。她最難熬的痛處之一是丈夫缺乏同理心。若是朋友打電話來訴苦，他會幾乎完全不想聽朋友傾訴困擾。他不滿蘿芮兒花在娘家的時間與精神。他們時常爲此吵架，爭論她用在助人或社交上的時間，而她覺得那些都是正常且得體的活動。從他們開始交往，她便注意到他缺乏同理心，但她急著定下來，誤以爲另一半這種討厭的性格會在日後改善。

我不是要建議各位以過度嚴苛的條件，篩選潛在的對象或伴侶（想想我的個案葛蕾絲，她曾經謝絕不會跳舞、事業地位不夠高的男士），但如果對方具備你覺得非常可憎的人格特質，視而不見並不明智。若是蘿芮兒和丈夫提高警覺，或許會有助於他們及早協調兩人的歧異，避免婚姻只剩下滿滿的憤怒與怨懟。因此，若是交往中的小倆口為了感情中的小困擾登門求助，我總是備感驚喜。往往，他們會為了打擾我而頻道歉，但我會回應：「嘿，你們的眼力好到可以看見小問題，而且又這麼珍惜彼此的感情，願意來化解歧見，這可是好事呢。」

當然，同樣的道理可以套用在與感情無關的所有事務上。如果你第一次去健走，發現膝蓋會在你踏出步伐的時候疼痛，你真的要擺著不管嗎？放慢步伐，或是縮短健走的距離（或是就醫，假如疼痛沒有消退的話），或許就能避免你的膝蓋受到重創。如果你想要成為室內設計師，去上設計課程時卻老是遲到，難道不該捫心自問，你真的想從事這一行嗎？

蘿芮兒的故事有美滿的結局。她覺悟到既然自己當初不顧丈夫討人厭的部分性格，依然與他互許終身，那他們面臨目前的問題，她也要負一部分的責任。憑著這一點覺醒，她與丈夫相處時，便多了一點善意、耐性，甚至萌生一點好奇心。她的丈夫很欣賞妻子的嶄新態度，願意跟著她前來治療，我們三人便一起好好梳理他們的困擾。

第二號盲區：接近終點線之際

一家我擔任諮詢顧問的大型連鎖醫院在物色新的執行長，他們的故事揭露了當終點線已經在望之際，有多麼難以察覺危險。當時他們的組織內部動蕩不安，面臨重重危機，董事會決定聘請一位決策果斷、敢於負責的人來擔任執行長。當他們找到一位資歷合格又充滿自信的人選，董事們非常滿意。他們很高興終點線近在眼前，所以沒有照例請我進行評估。當董事會熱切地討論要不要聘請那位人選，我只搶到講一句話的時間，我提出一個問題：「這個人向你們每一位問了些什麼事？」

董事們記得她幾乎沒有發問，似乎已經對他們公司瞭如指掌，專注在推銷自己，說明自己可以給他們帶來的益處。我說這是危險的徵兆，因爲新上任的執行長必須聆聽內部各方的說法，才能夠判斷應該做些什麼。既然她不好奇大家的想法，可見她不願意聆聽，喜歡貿然行動而不先了解狀況，而這也表示，她傾向於要求別人聽命行事，不會鼓舞員工勇於任事。董事們禮貌地聽我說明，但必須作出決定的壓力很緊迫。他們很快便發出聘書，而她也接受了。

隨後六個月，新的執行長造成了嚴重的傷害。她孤立一位幹勁十足又才華洋溢的幹部，讓這位幹部覺得自己被她的各項命令排除在外。從她下達的命令，可以看出她似乎並不了解自己的部下。例如，她要求員工匯報他們的時間都用在哪裡，令已經焦頭爛額的員工在製作常規報表之外，又多了一件事要忙。她還有更令人不安的行動，她不顧幹部的反對，裁減約聘護理員的人數。幾週後，一位病患死了，若是醫院有充足的護理人力，病患或許不會喪命。隨之而來的官司與和解費用，是被解雇的護理員的好幾倍薪資。

這位新執行長不聽意見，也不把事情想清楚，但是從她面試時的小小瑕疵判斷，這些或許都是早就預料得到的狀況，結果，聘用她便成了致命的錯誤。董事會費了那麼多心血去面試乍看十分優秀的人選，無論繼續尋尋覓覓會有多麼麻煩，董事會若是從一開始就老實承認她可能並非最佳人選，下場也不會那麼慘。

涓滴改善大補帖 TiPS

以下是工作或生活中常見的警訊。千萬別置之不理！

新的約會對象有令人憂心的性格特質。

比方說，對服務員的態度很粗魯，或是酒稍微喝多了一點。每次見到婚姻或感情狀態岌岌可危的人，我都會問：「你有沒有注意到苗頭不對的初期警訊，比如：另一半脾氣很壞、冷漠無情，或是濫用藥物？」幾乎每一次，對方都會承認，對，他們在第三或第四次約會，便看到這些問題的跡象。當然，謝絕一切有點小毛病的人並不明智（要不然，我們都只能當孤家寡人啦），但你可以問自己：**這個人知道自己有這毛病嗎？他會不會擔起責任，努力矯正？這個小毛病是否藏著我們需要討論的重大議題？**

求職者的能力實在不理想。

你面試一位技能水準不符要求的求職者，卻想要雇用他，只圖有個阿貓阿狗去填補缺口，請緩一緩，重新考慮。如果沒有其他的求職者可供挑選，而這位求職者在其他方面的資歷都很良好，不妨多進行到第三、四次面試，更全面地去了解對方的能力。務必要說出求職者的缺點，並留意對方的回應。《哈佛商業評論》（*Harvard Business Review*）報導說，與其錄用錯誤的人選，不如保留職缺對公司更有利。

憤怒或嚴苛的自我對話。

我是指自我內心的碎碎念，例如：你怎麼不放棄算了？你永遠不會開竅，不會變有錢，不會變苗條……。這些已經在第二章〈詢問小小的問題〉討論過了。（在本書一開始也解釋過了，）**想用殘酷的自我對待來砥礪自己創造佳績，只是迷思。其實，這種行為會激發戰逃反應，阻撓我們進步。**觀照這些內在的聲音，便能夠平息它們。另外，你可以執行涓滴改善的小小行動，小小行動的本意，便是消除改變引發的壓力。

✔ **運動時老是揮之不去的小小疼痛**。

在健身時及運動結束後，覺得肌肉疲憊、痠痛是絕對正常的，因為身體必須先拆解肌肉，才能建構出更大塊的肌肉。（如果以涓滴改善的小小行動開始做運動，初期大概不太會痠痛。）但如果你關節疼痛，或是呼吸很吃力，便應該減少運動量，或許也要休息幾天。咬牙硬撐可能會造成嚴重的傷害，打亂你的健身計畫。如果疼痛經久不散，或是在運動時覺得胸腔不適，就得趕緊去看醫生。

對你的小小行動興起抗拒之心。
涓滴改善的困難之處在於，你要設定微小到毫不勉強的行動。假如你的內在聲音很嚴厲，氣自己不趕快完成改變，那個聲音咄咄逼人，要求你擴大行動的規模，甚至是擴大到不切實際的程度。**記住，你必須憑著反覆執行小小的行動，來為大腦「設定程式」，實現你要的改變。**即使你對自己的小小行動只有細微的抗拒跡象，比方說，你得逼自己做階梯有氧運動，那你的行動規模就太大嘍，杏仁體與嚴苛的內在聲音便會甦醒過來，出面干預你。

第三號盲區：鋪天蓋地的危機

有時我們很難揪出小毛病，原因很弔詭，是因爲小毛病造成的損害實在太嚴重，以致我們覺得局勢都那麼慘烈了，問題的根源一定更錯綜複雜。這種盲點會出現在婚姻、工作、癮頭、企業中，即使是世界衛生災害也不例外。

許多人不知道，每年在世界各地有超過一百萬名的孩童死於痢疾。不妨想像每四個小時，都有一架載滿兒童的巨無霸噴氣客機墜毀，這樣各位就曉得一百萬人是多少人了。世界保健專家與政府組織爲了降低痢疾致死人數，採取大規模的昂貴解決方案，諸如將改良的衛生設備系統運送到束手無策的地區，或是將電解質補充液的口服療法引進到照顧這些孩童的醫療單位。這些努力值得讚美，也發揮了作用，卻暴露出大家的盲點，大家忽略了一個小小的問題也會造成痢疾：髒手。在痢疾大量奪走兒童性命的地區，家家戶戶多半都有肥皂，但只有十五至二十%的人在接觸食物或寶寶之前，會先用肥皂洗手。如果大家把手洗乾淨，痢疾的發生率可以下降超過四成。比起在一個地區安裝新的衛生設備系統，或是提供在痢疾發生之後的治療方式，教一個人洗手防治痢疾要簡單多了。

來舉一個愉快的範例，就是紐約市防治犯罪的方法。一九八〇年代，紐約一年平均發生兩千樁凶殺與六十萬樁重罪。僅僅是在地下鐵系統，乘客與工人每年都會淪爲一萬五千件重罪的受害者。喪氣的政治人物與警方一次又一次以大膽的行動來減少重大犯罪，諸如增加巡邏員警人數、提高預算等等。他們認爲既然犯罪猖獗得不像話，只有最壯大的聲勢、最昂貴的技術可以拉低統計數據。然而，儘管砸下重金與費盡心力，犯罪率依然節節升高。

威廉・布拉頓（William Bratton）在一九九〇年，受聘打擊紐約的地鐵犯罪。布拉頓的防治原則，來自他上過的「破窗」理論課程。破窗理論是在一九八二年，由兩位犯罪學家詹姆斯・Q・威爾森（James Q. Wilson）與喬治・L・凱林（George L. Kelling）率先提出。破窗理論主張，假如一座城市、或一個地區、或一條街道縱容小罪，其實便是在招惹重大的犯行發生。威爾森與凱林說，當孩子朝著空屋丟石頭，打破窗戶的玻璃，窗戶沒有修，其餘的窗戶也會很快打破。但如果破窗一下子就修理好，搞破壞的人便會敬而遠之，保住了其餘的窗戶。威爾森和凱林相信，破窗的情境，也符合犯罪的大致現實情況：在沒有人會注意到小罪的地區，或是犯了小罪也不會受罰的地方，大家會更輕易地犯法。如果在一個地方，都沒人會去處置一個吵吵鬧鬧、行爲脫序的醉漢，民眾又怎麼可能會想要干預搶劫，或是在竊盜案發生時，打電話報警？

布拉頓在一九九〇年來到紐約，抱持著這種與涓滴改善異曲同工的想法。大家一定很期待他以激進、大張旗鼓的解決方案，整肅地鐵犯罪，拯救每天搭乘地鐵通勤的數百萬良民，但布拉頓扛住壓力，反而鎖定了小問題。他決定集中火力，整治會破壞乘客的生活品質卻不會危害人身安全的小罪。這些罪行包括：在公共場所便溺、倒臥街頭、躍過驗票閘門。想一想，布拉頓要有多大的勇氣，才能告訴冷嘲熱諷的憤怒紐約客，他要大力取締躍過驗票閘門的行爲，而不是對治凶殺案。但他堅定地推行自己的計畫。

布拉頓不是一天零星幾次，一口氣帶走大批犯案者，而是要求警員每天逮捕躍過驗票閘門的人，隨時在地鐵站裡面留下十五到二十個上銬的罪犯，好讓其他乘客看得到，又不會被電視臺的人撞見。這項措施的效果驚人，不但小罪減少了，連重大犯罪也一併下降。當警方查驗躍過閘門的人的身分，常會發現他們是想要犯下暴力罪行的嫌犯。而且局勢也明朗起來，原本打算搶劫的人，因爲警方的整肅行動而不能犯案。顯然，罪犯不願意爲了搭地鐵搶劫的特權，付出車資。

布拉頓麾下的分隊長邁爾斯．安斯伯羅（Miles Ansboro），則自己解決了另一個小問題。他希望乘客注意到，員警在地鐵上巡邏，會帶給他們安全感，但是穿著制服的警察經過時，根本沒有乘客會抬頭多看一眼。因此，他問自己一個小小的涓滴改善問題：搭乘地鐵時，大家會爲了什麼原因抬頭？他的答案是：列車長的廣播。每次地鐵進站時，安斯伯羅的警佐都會給列車長一張紙片，用公共廣播系統唸出來：「請注意。交通運輸警察正在巡邏車廂。他們會在車上糾舉各種失序的行爲時，可能會暫時耽誤您的時間。謝謝您的耐心。」警員會和乘客打招呼，將搗亂、喝醉酒的人送出車外，還讓沒規矩的小孩安分下來。小小的困擾、小小的問題、小小的行動，僅僅二十七個月後，在地鐵系統內的重大犯罪率便下降了五十%，令紐約全體市民嘖嘖稱奇。布拉頓被拔擢爲紐約市的警察總長，憑著這一份職務，在地面上也開創了不凡的佳績。

我也得交代一下，涓滴改善不是布拉頓在任期間的唯一方針。他證明了自己也有進行劇烈改變的能力，遣散紐約市超過七十五%的轄區指揮官（precinct commander），以精密的電腦作業打擊犯罪猖獗的地區。**涓滴改善的小小行動與創新變革的大幅躍進並不互斥；兩者併用是強大的武器，即使是最巨大、複雜、看似無解的問題，都能解決**。當一個人面對一直無法解決的棘手問題，我通常會建議他們先以涓滴改善爲主。等他們認識了小小行動，他們會培養出直覺，知道何時是創新的時機，也懂得如何兩者併用。

我們面對個人的危機時，能解決小問題的涓滴改善策略，可以提供慰藉與務實的協助。如果我們遇上得打官司、生病，或是發現經濟浪潮讓公司陷入困境，或是伴侶不再愛我們了，我們無法憑著一個迅速又果斷的創新行動，讓天下恢復太平。在這些危機中，唯一可行的踏實行動是小小的行動。當我們的生活承受巨大的壓力，即使覺得自己已然失控或是精神飽受折磨，我們都可以從天下大亂之中挑出小問題，或許用上一個或全部的涓滴改善技巧，讓自己慢慢朝著解決事情的方向前進。但如果我們對於容易處理的小問題視而不見，便更容易陷入絕望深淵。

我曾經跟陷入這種絕望的個案打過交道，她是貝琪，五十五歲，早早便打算從企業界的工作提前退休。她要實現一生的夢想，成爲藝術家。我跟貝琪比較熟了以後，她給我看了她的繪畫與雕塑作品。她的確很有天賦。

可是貝琪不久前做了例行的健康檢查，醫生在她的喉嚨發現腫塊，並診斷她罹患了癌症。她嚇壞了，滿腹怨懟。其他的醫生轉介她來找我的時候，她已經跟親友絕交，被醫生、癌症、日常生活的例行公事壓垮了。腫瘤科醫師提供了療程選項，但要她在徹底了解之後再作出選擇，這似乎只是又一項沉重的壓力。貝琪不想見我，她說：「我眞的沒辦法應付更多的門診治療。」她勉爲其難地答應讓我幫忙——前提是一天只能花幾分鐘。

我請貝琪告訴我，她現階段的人生目標是什麼。我們同意她的主要目標是擺脫癌症，但既然我們都覺得病程不受我們控制，我便請她多列出兩個目標。她說：「我要好好善用活著的每一天，多處理一些雜務。」至於「雜務」是什麼，她詳細說明是完成醫療保健組織（HMO）[12]的文書作業、做完她的辦公室工作、盡量維護房子的整潔。這些挑戰都與癌症沒什麼關連，卻令她的苦日子更煎熬。

我知道貝琪需要處理事情的幫手。她事情太多了，連健康的人都應付不來。貝琪很擅長幫助別人，卻很害怕接受援助，而她愈需要幫手，愈難開口求助。因此我們採取一些小小的行動，協助貝琪讓朋友重新回到她的人生。每天早上，貝琪要寫一份雜事清單。在每一件她希望有人幫忙的事情旁邊打一顆星星，還要具體說明她希望得到什麼協助。

每天撰寫雜務清單，讓貝琪不致於否認現實，迷失自己，而自己思索什麼才是最符合需求的協助，則讓她以安全無虞的方式，把心思放在求助之上。在我們隨後的那些面談中，我沒有鼓吹或建議她實際請朋友幫忙，但是當她的清單愈寫愈有創意，我確實誇獎了她一番。一開始的清單只有寥寥數語，條目是「要是有個朋友願意說一聲『妳真勇敢』就好了」或「希望朋友來幫我洗衣服」之類的。不出一週，清單上的條目有了較多的細

12 以固定的年費提供醫療保健服務的醫療保險集團。

節與情感。她寫道：「希望我在電話上跟醫療保健組織談事情的時候，或是在我填寫他們的文件時，有個朋友會坐在我旁邊。」「希望朋友願意去一趟安康社群（Wellness Community，一個當地的癌友支援團體），了解一下那個地方怎麼樣。」「希望我哭的時候，會有個朋友抱住我。」

貝琪自己作主，慢慢地與父母跟好友們恢復聯絡，她在願望清單埋下的種子開花結果了。即使癌症的治療令她精神委靡，她整個人卻愈來愈平靜，更能掌控日常的生活。我幾個月前見到貝琪，治療早已結束，癌症已經緩解好幾年了。我們聊了一下她的健康狀況，然後她打斷我，輕聲說：「謝謝你把涓滴改善送給了我。」

第六章

給予小小的獎勵

不論想要訓練自己或別人慢慢建立良好的習慣，
小小的獎勵都是絕佳的鼓勵方式。
小小的獎勵不僅成本低廉又方便，
還能激起內在的動力，讓你創造長久的改變。

小小的獎賞足以充當做完一件事的獎勵，尤其是在完成一件你畏懼的事情之後。不僅如此，小一點的獎賞也是效果最好的。不論是作爲企業的獎勵制度，或是在個人的生活中，皆是如此。

我們來看看飽受非議的企業工具：員工意見箱。在最理想的狀態下，提出建議的體制，作用其實很類似前一章提過的，豐田汽車經理人大野耐一裝設在汽車裝配線的拉線：鼓勵員工留意在工作現場目睹的問題，回報給公司。在日本，員工建議的機制是廣受歡迎的涓滴改善技巧，將近四分之三的員工會使用意見箱。但在美國，建議的管道有時是裝設在牆壁的垃圾箱，有時則採用比較莊重的方式，會去使用的員工比例很難看，通常最多就是二十五％。在日本，九十％的員工意見會獲得採納，但美國企業只會施行三十八％。

美日爲何兩樣情？

內在動機

美日建議機制的主要差異，在於員工參與之後的獎勵。在美國，是依據員工的意見替公司節省多少成本，按比例計算，給予員工高額的獎金。這種機制的立意良善，也相當符合常識，卻幾乎都以失敗收場，因爲員工只會留意足以帶來大筆獎金的宏大點子。在現實生活中，很少人想得出大膽的點子，而能夠提出實際可行的建言的人數，更是少之又少。在這樣的體制下，更務實、更有用，卻不會立刻收到現金回饋的小小點子，便被忽略了。

但在日本，獎勵的平均價值是三．八八美元（美國平均是四百五十八美元[13]）。豐田汽車公司會篩選出年度最佳建言，授予董事獎，在正式的典禮中頒發給得獎人。人人垂涎的董事獎獎品不是高級手錶、新車或瘋狂

13 以翻譯時的匯率計算，日本約為新臺幣 117 元，美國是 13,811 元。

大採購的資金。而是一枝鋼筆。這項獎勵的效果一級棒，豐田的董事長豐田英二（Eiji Toyoda）得意地說：「我們的員工一年提出一百五十萬個建議，九十五%都實際執行了。」

獎勵是寶貴的心理工具，這已經不是新聞了。自從二十世紀中葉，行爲心理學家史金納（B. F. Skinner）提出「正增強」（positive reinforcement）的說法，也就是以獎勵機制來塑造行爲，獎勵一詞便成爲學術用語。而**涓滴改善的獎勵制度的特別之處，在於獎勵的規模**。

日本的管理階層喜歡提供小小的獎勵並不是吝嗇（雖然涓滴改善的確鼓勵我們要重視成本的撙節），而是因爲善用人類的基本天性：**外在的獎勵愈高，愈可能折損或阻斷我們追求卓越的天生動力**。豪華的大獎，會抹除愛德華茲．戴明博士所說的「內在動機」。戴明博士是最大力倡導涓滴改善的人，他明白大部分人想要對工作引以爲榮，想要作出有益的貢獻。但在企業界使用高額的現金獎勵，可能會讓員工覺得公司把自己當作一具機器的齒輪，一定會被可能獲取的個人報酬迷得神魂顛倒。追求大獎本身便可能變成員工的目標，侵蝕員工天生自然的欲望，也就是單純在工作中得到鼓舞、發揮創意。不僅如此，一旦大獎到手之後，良好的新行為也會無以為繼，因為那股動力已經降低或消失了。

但小小的獎勵可以助長內在的動機，因為小獎勵不是財物上的回饋，而是一種肯定的形式，表示公司或老闆感謝員工想要改善公司、想要貢獻的心意。西南航空在這方面的作法就很聰明，公司會送五美元的餐券給表現優異的員工。他們的員工還會撰寫「愛的報告」，頒發給彼此。如果你覺得這些獎勵，就像大人請小朋友吃的廉價糖果，試試問你的同事或朋友：「什麼會讓你覺得受到重視？」大家給的答案通常會包含免費或價格低廉的項目，例如，聽到老闆說「謝謝你」、得到上司的稱讚，或是加班的時候，有人送來一杯咖啡。

多謝啦，阿兵哥！

大兵們最常為了什麼離開美國海軍？答案不是他們惡名昭彰的低

薪，也不是長達數個月的漫長出海時間。根據D・麥可・艾伯拉蕭夫艦長（D. Michael Abrashoff）在《這是你的船》（*It's Your Ship*）書中引述的研究報告，水兵們決定回歸平民的生活，主要因素是覺得自己的工作沒有被長官當一回事。為了保住充足的兵力，許多海軍的高級軍官，現在會刻意以讚美和公開表揚的形式，提供小小的獎勵。

在私領域中，小小的獎勵表達了感激之情，同時保留了好好完成一件事情的自然愉悅感。在朋友關係或婚姻關係中使用小小的獎勵時，可以與幽默感並用，以便維持雙方平起平坐的立場。既然很多人都忙得不可開交、手頭不寬裕，知道有一個人撥出時間說了聲謝謝，這本身便是一種獎勵了。

我認識一對夫妻，丈夫屬於罹患心血管疾病的高危險族群。他的妻子陪他去做檢查，聽到醫生拜託他少吃薯條之類的食物。妻子知道這是丈夫很難做到的事，因此她問丈夫要不要她幫忙。她聽過我的演講，知道涓滴改善的概念，而且她很明智，知道如果用新手錶之類的大獎誘惑老公，將會導致夫妻間的權力鬥爭。她是有發放獎品的權利——而丈夫要努力贏取獎賞。但這並不是良好的夫妻互動模式。再說她很納悶，一旦買了手錶，之後他還會有延續好習慣的動機嗎？

因此，妻子思考丈夫適合什麼樣的小小獎勵。她知道丈夫沒有什麼休閒娛樂的時間；他們晚上要餵兩個幼齡的孩子吃飯、幫孩子洗澡、哄孩子睡覺，而且丈夫還常常帶工作回家。能悠哉地享受個人晚上時間，並不在他們夫妻倆的生活常態之中。所以，她請丈夫想一想，有什麼他很想做而又覺得太奢侈的事。他決定要看一下下電視。於是，當他每次晚餐沒吃薯條類的食物，便可以換取十五分鐘的時間，讓他蹺著腳，欣賞任何他喜歡的電視節目。這個有趣的小小制度令他們發噱，卻一直延用下去，丈夫的飲食習慣卻也因此大有改善。

善心的行為，不管如何微小，都不會是白費工夫。

——伊索，〈獅子與老鼠〉

小小的獎勵如何融入你的計畫

前文的夫妻在想要改變的時候，將小小的獎勵當作主要的涓滴改善要件，其實丈夫想要一口氣改變自己，放棄高脂食物，不想將改變的過程切割成涓滴改善的小小行動（例如，在開動之前，先從盤子裡拿掉一根薯條）。這完全無所謂。對這一對夫妻來說，一個小小的獎勵就夠了。

實際上，在不可能切割出漸進式步驟的情況下，小小的獎勵特別有效。這種情況也很常見，例如孕婦必須戒菸，或是老闆要求立刻看到工作成果。我很喜歡分享凱倫．布萊爾（Karen Pryor）的例子，她本來是訓練鯨魚和海豚，後來將訓練動物的技能，用在陸地的哺乳動物上，寫了《別斃了那隻狗！》（*Don't Shoot the Dog*）。在布萊爾的人生中，有一段時間是白天鎮日工作，晚上唸研究所。在工作累了一天之後，她實在很難提得起勁，搭一小時的地鐵、上完三小時的課，最後再花漫長的一小時搭地鐵回家。但即使她有意嘗試非常微小的涓滴改善行動，例如持續一到兩週，只走路到地鐵站就回家，或者只是每天晚上在月臺上站著，這都不切實際。因爲等到她可以安然面對每天的行程，學期很可能已經結束了。

因此，布萊爾將她的行程切割成幾個明顯的區段：步行到地鐵站、換車、走樓梯到教室。每次她完成一個區段，都給自己一塊巧克力。她以這種方式，訓練自己將每一段行程，都當作愉快的事。「沒幾個星期，我就可以一路抵達教室，不需要吃巧克力，內心也不必掙扎。」

你也可以將小小的獎勵，融入比較全面的涓滴改善計畫。我在亞歷桑納州峽谷牧場度假村（Canyon Ranch spa）演講時，遇到一位名爲傑克．斯圖普（Jack Stupp）的商人。傑克在闖蕩事業的漫長歲月裡，憑著直覺與機敏，用涓滴改善的方式一步一步建立了價值數百萬美元的郵購事業。但在五十四歲時，他得了嚴重的風濕性關節炎，全身有二十幾個腫大的關節，必須得住醫院治療。每一時每一刻，都痛苦不堪。他困坐在輪椅上，服用多種止痛藥，醫生叮囑他，無論如何都別想運動了。在峽谷牧場聽傑克訴說自己的故事，我不禁好奇起來。他的行動沒有什麼不方便的地方，似乎不受風濕性關節炎的影響；他顯然可以手腳靈活，天天運動。他如何克服病痛的呢？

他將自己的成功，歸功於小小的步驟和小小的獎勵。每天早晨，當他痛醒了，便會告訴自己，只要下床就好。當他站起來了，傑克會在心裡拍拍自己的背，對自己說：「厲害喔，傑克！」這一句簡短卻真誠的讚美，便是他的獎勵。然後他會對自己說：要是走到路上的那一家健身房，就可以跟那邊的員工開心地聊天。一旦傑克站到跑步機上，就開始走路，只求能走兩分鐘，然後用讚美和鼓勵來犒賞自己。一分鐘又一分鐘，一個小小獎勵又一個小小獎勵，傑克慢慢地憑著運動，有了健康的身體。有次我邂逅他的時候，他是七十幾歲的人，還贏得他這個年齡層的世界健美先生比賽！

有數不清的好方法，可以將小小獎勵加進涓滴改善計畫。我有一位個案會列出所有不想做的雜務；如果做完了，便在一天終了時獎勵自己，泡十分鐘的熱水澡。其他想要改變某項行爲的人，例如，戒除在晚餐後抽一根雪茄，獎勵則是讓伴侶按摩背部或雙腳五分鐘。這不僅獎勵了他們戒除菸癮；也協助他們在克制菸癮的脆弱時刻，不要想著雪茄。

涓滴改善超強密技：完美的獎勵

先好好地思考，再決定小小獎勵的獎品。獎勵要符合以下的三項要件：

- **獎勵應該與目標匹配**。對凱倫·布萊爾來說，巧克力是讓她進到教室的完美鼓勵，無害的小小放縱。但是，對於那一位被醫生叮囑少吃不健康食物的男士，巧克力反而會礙事。
- **獎勵應該適合當事人**。如果你要鼓勵別人達成目標，記住一個人心目中的獎勵，可能是另一個人心目中的困擾。有的人覺得，每次採取一個往目標前進的正向行動都得到讚美，便會士氣大振。有的人覺得，頻頻得到讚揚很矯情。對於有些個案，我會以電話當作獎勵，尤其是不好意思在預約時段以外的時間聯絡我的人：每次他們達成一次小小的成功，他們便要打電話給我，好讓我祝賀一下。不消說，對於自認為日夜都可以打電話給心理醫生的個案，打電話就會是無意義又無感的獎勵。

尋找適合別人的獎勵可能不容易，不妨試試這一招：如果對方是朋友或伴侶，問他們：「你如何知道自己是被愛的？」請對方盡量提供四、五個答案。因為大部分人不習慣回答這一類的問題，給他們幾天思考。

如果是在職場上，你可以問同事或員工另一個問題：「你怎麼知道自己受到了肯定？」一樣給對方幾天的時間，還要請他們給你幾個答覆。答案通常是一些小事，而且總是會給你一些點子。

獎勵應該免費或價格低廉。你在客廳找一找，大概就可以找到獎勵品了。時間被家事消耗殆盡的人，覺得一天閱讀十分鐘的書籍或報紙便是享受。我知道好幾位家庭主婦想在白天看電視放鬆一下，內心卻覺得應該去做家事。如果減重是她們的目標之一，我通常會建議她們允許自己看電視，只要同時活動筋骨就好。

如果你常常嚴厲地批評自己，或許你可以把真誠的自我誇獎當作獎勵。優良的獎勵還有泡澡、散個步、播放喜愛的音樂、打電話給朋友、讓伴侶替你按摩肩膀或雙腳、奢侈地窩在床上，以一時半刻啜飲你的晨間咖啡。

大多數人並不會贏得生命中的大獎，如普立茲獎、諾貝爾獎、奧斯卡獎、東尼獎、艾美獎。但我們都有資格，領受生命中帶來的小小快樂。有人給你拍拍背。有人親吻你的耳後。一尾兩公斤的鱸魚。一輪滿月。一個空的停車位。劈劈啪啪的營火。美味的餐點。瑰麗的夕陽。熱湯。冰啤酒。不要為了抓取生命的大獎而苦惱。享受生命的小小歡欣。俯拾即是的歡喜，夠我們所有的人享受。

——聯合科技公司（United Technologies Corporation）廣告

第七章

留意小小的細節

涓滴改善的生活方式需要放慢腳步，
正視小小的細節。
這個樂趣無窮的技巧，
可以帶來創意上的突破，
鞏固關係，
天天助你邁向卓越。

一個深深震撼我的涓滴改善範例，來自於威廉．麥克尼爾（William McNeill）所著作的《瘟疫與人：傳染病對人類歷史的衝擊》（*Plagues and Peoples*）。麥克尼爾深刻地描述，瘟疫對人類歷史走向的影響，遠比其餘的任何一個因素都要大上許多，只是歷史教材幾乎全面忽略了瘟疫。但重點是，書裡有一些短短的段落，談論了治癒瘟疫的方法。

平凡無奇的小細節，蘊含改變的種子

各位或許和我一樣，以前都以爲治療疾病的方式，是聚焦在病人身上，讓病人試驗我們已經擁有的技術，或是嘗試我們發明的技術，直到誤打誤撞，發現了解藥。其實，許多瘟疫的療癒經過，是截然不同的。例如，天花奪走的人命是名列前茅的多，找到對策的人是英國醫師愛德華．詹納（Edward Jenner）。他注意到有一群沒有感染天花的女性，她們全都是擠奶女工。一開始，他的說法沒引起任何注意——他們幾年前便聽說過擠奶女工的事了。他們還要忙其他的重要事情呢。但詹納正視這一件尋常的事實，終於有了革命性的發現。他精明地推斷這些擠奶女工，曾經感染過牛痘（職業風險），因而得到了我們現在所說的免疫力，可以抵抗與牛痘非常類似的天花。憑著這項推論，他建立了完善的疫苗技術。而包括霍亂、瘧疾在內的其他疾病，發現解藥的過程也一樣，都是研究沒有生病的人，找出他們沒有得病的原因。

詹納的故事挑戰了一般人的想法，我們總以爲改變與進步來自一瞬間的靈光乍閃。哲學家、科學家或藝術家，獨自坐在閣樓，殫精竭慮，直到「我知道了！」的神聖靈感從天上掉下來。但**許多事情出現進展的精彩時刻，是當我們將平日的心思放在小細節的時候。我說的小細節可能平凡無奇，甚至令人厭倦，實際上卻蘊含著重大改變的種子**。留意小小的細節似乎很簡單，卻需要恭謹的態度、想像力與好奇心。以下列出幾個例子，說明小小的細節如何促進企業界邁向卓越，甚至革新了整個產業：

- 一位美國航空（American Airlines）的空服員暫停片刻，留意到許多乘客都會挑出沙拉裡的橄欖不吃。她覺得這是很有用的資訊，這件事便透過公司的指揮鏈呈報上去。最後，他們發現，食品供應商的沙拉計價方式，是以使用了幾種食材爲準。使用一至四種食材的沙拉價格，低於用了五至八種食材的沙拉。而大家都不吃的橄欖，正是美國航空沙拉的第五種食材。美國航空決定不要橄欖，改成四種食材的沙拉，一年便替公司節省五十萬美元。
- 3M公司的總裁曾經注意到一位顧客來信，想要3M用於製造砂紙的「礦粉」樣品。這古怪的要求挑起了總裁威廉·馬奈（William McKinght）的好奇心，馬奈聯絡了顧客，進一步了解詳情。他因而得到情資與合作關係，帶來了防水砂紙與其他產品，協助3M成爲世界級的企業。
- 一八九二年，美國運通公司（American Express）的總裁法戈（J. C. Fargo）帶著信用狀在歐洲旅行，以便在需要額外金錢的時候可以取錢。當時，信用狀是旅行時唯一可以提領現金的方式，但信用狀的效力很有限。法戈後來說明：「一旦我離開了人多的城市，信用狀就跟濕掉的包裝紙一樣無用。如果美國運通公司的總裁都有這種困擾，一般旅客的處境可想而知。我們一定得想想辦法。」因爲法戈留意到這一層不便，結果他創造了旅行支票，也就是現在世界通行的信用卡的前身。

- 瑞士工程師喬治・德梅斯倬（George de Mestral）出門遛狗時，注意到狗毛和自己的衣服上每每都鉤到一些芒刺。德梅斯倬沒有在那邊氣惱，而是讓頑強的小小芒刺刺激自己的想法；由於留意到這一件日常小事，他後來發明了魔鬼沾。
- 戴夫・戈德（Dave Gold）經營一間酒品專賣店，多花了一分心思，去思索一個零售業熟知的效應：「不管我給什麼商品放上九十九美分的標示，都會馬上銷售一空。我省悟到那是魔法術字。我心想，要是開一間店，東西品質都不錯，而價格一律都是九十九美分，想必很有意思吧？」戈德於是創立了九十九美分連鎖商店（99¢ Only Stores chain），如今已有三百多家店面。

✔發明家艾德溫·蘭德（Edwin Land）與家人去度假時，幫三歲的女兒拍照，而她想要當場看到照片。蘭德沒有把女兒等不及看照片的心情，當作是幼稚又不切實際的表現，反而看到一個商機。五年後，他發明了第一部立即顯影的相機。

是什麼令你看不見橄欖、礦粉、小孩怨言裡的創意機會？即使你沒有興趣以涓滴改善的方法，創立數百萬美元的生意，小小的細節可以協助你穿越大腦的障礙。以喬治爲例，他是痛恨警務工作的警官，但想破頭都想不出更適合他的工作。我請他每天在執勤時找出一個愉快的時刻。他一一記錄這些小小的愉快時刻，便看出了一個模式。他最如魚得水的時刻是跟警車上的犯人談話，他會詢問他們的煩惱，給他們建議。他甚至很喜歡在申請到犯人會客時間的時候，回到監獄探望他們——只爲了延續他們的對話！不久，喬治便明白了始終都近在眼前的答案：他想要成爲輔導員。現在喬治利用夜晚進修心理學。這下子，他的警務工作更有趣了，因爲他在爲日後的新跑道累積經驗。

當你啓動了改變的計畫，卻感到無趣、不耐煩，覺得卡住了，不妨找一找隱藏在當中的愉快時刻。最能夠改善保健習慣的人，都是把運動或攝取良好的飲食，當作興奮與自豪的泉源。從我的個案們身上，我見識到其餘的目標也是如此。所以說，不要以爲穿得進六號的牛仔褲、[14]或是得到嶄新穩固的婚姻關係、井然有序的抽屜，快樂便會隨之而來。因此，在進行改變的時候，聚焦在令你愉快的細節上。我知道這似乎很困難，但大部分人都找得到至少一個愉快的細節。大家會說：「嗯，今天散步的時候，我記起了我眞的住在很美的地區。」「今天我吃蘋果的時候，想起了以前在叔叔的果園工作。那一年的夏天眞的很痛快！」

14 腰圍二十六吋。

要辨識出一個真正的創造者，端看他是否總是可以在身邊最尋常、最微不足道的事物之中，找到值得留心之處。

——伊果・史特拉溫斯基（Igor Stravinsky），[15] 美國作曲家、指揮家

涓滴改善超強密技：培養對小細節的覺知能力

我們要有好奇心，要敞開心胸，才看得到小小細節存在的跡象。培養這些特質，也會增加你辨識出創意潛力的機會——只要小細節湊巧從你眼前迸出來。以下的一系列步驟，可以協助你的頭腦保持開放，帶著嬉玩的心，對小細節保持警覺，即使是在情緒強烈的情況下。

一、對於墮胎、槍枝管制、教育補助金等敏感的社會政策，找

一個意見與你相左的人。與其找熟識的親友，不如找陌生人更好，例如，搭飛機時坐你隔壁的乘客。

二、和這個人對話，你只能提問，而問題的唯一目標是發掘並理解這個人抱持相反觀點的原因。

三、不要爭辯，不要試圖說服對方，不要語帶批判。

四、當你感覺到對方愈來愈放鬆，話變多了，或是對方認知到你的興趣與尊重，你就曉得自己達成目標了。

15 俄國、法國、美國作曲家、鋼琴家及指揮。

感情關係：決定是幸福還是悲慘的小小細節

涓滴改善可以奠定穩固的感情基礎。隨著一個又一個細節，我們發掘彼此的樣貌，建立信任。

約翰・高曼（John Gottman）博士在華盛頓大學（University of Washington）擔任心理學教授時，主持一項研究，讓自願參加的夫妻搬進一間特別的公寓，那其實是觀察夫妻行爲的實驗室。研究人員觀察這些夫妻日常作息的「自然」互動；受試者也會按時與監測儀器連線，以記錄他們在討論夫妻的衝突或其他事務時，他們所有的生理變化。當然，這不是科學研究的正統作法，但讓我們對高曼另眼相看的，是他驚人的研究結果。憑著這些方法，他可以預測一對伴侶在四年內的婚姻生活是幸福，還是悲慘，甚至是離婚——準確率達九十三％。

這項研究的一項重大發現是：在成功的感情中，日常的正向關注超過負向，兩者的比例是五比一。正向的關注並不是盛大的行動，例如舉辦奢華的生日派對或購買夢幻住宅。而是小小的善意姿態，例如：

- 接到伴侶的電話時語氣很愉快，不是用惱怒或匆忙的語氣，暗示伴侶打斷他們的重要事務。
- 關心另一個人白天看牙醫的情況，或是詢問其他事情的細節。
- 當伴侶走進門裡，放下遙控器、報紙或是電話。
- 在約定的時間回家，而且如果會遲到，至少會打通電話。

這些小小的細節，比浪漫假期、昂貴的禮物之類的創意手段，更能夠預測小倆口是不是互愛互信。或許，這是因爲小小的細節提供了始終如一的照顧與愛護。

將小事做到盡善盡美，在日常生活的平凡小地方展現真正的高貴與英勇氣概，這本身便是難得一見的美德，值得封為聖人。

——哈麗葉．比徹．斯托（Harriet Beecher Stowe），[16] 美國作家

在你的所在之處行小小的善；正是這些小小的善聯合起來，翻轉世界。

——戴斯蒙．屠圖（Desmond Tutu），[17] 諾貝爾和平獎得主

在感情關係中應用涓滴改善的另一個方法，是允許自己去關心伴侶生活中的小細節。與其等著伴侶以大手筆的行動與故事來取悅我們，我們可以欣賞他們平日的特質與行動。當我聽到人說自己目前的感情生活很無趣，我會建議他們進行涓滴改善。或許你也會想試試看。**訓練自己關注伴侶小小的正向特質。**不要死咬對方的大錯，或是等著伴侶款待你去乘坐馬車或去巴黎旅遊，欣賞人家的小小善意舉動、討人喜歡的語氣，或是親切的碰觸。

許多人在這個過程裡犯的錯，是只稱讚伴侶做的事。我們會說：「你

真的很會做菜。」或「你把樹籬修剪得很漂亮。」但如果你只讚揚伴侶完成的勞務，伴侶或許會開始覺得自己像是你的員工。不如，**每天都找出一個細節，來讚美伴侶的性格或外貌**。試試「我喜歡你的頭髮一早的樣子。」或「我喜歡你在去看電影的路上，總是這麼興奮期待。」正視這些小小的細節，可以讓伴侶知道你愛的是他這一個人，而不只是喜歡有人幫你打理家事，或是想要有人賺錢養你。

在小地方貼近配偶的心，也是感情長長久久的關鍵。許多人認為與伴侶又一次點燃感情的祕訣，

---

16 美國作家，著有《湯姆叔叔的小屋》等多部作品。

17 南非開普敦聖公會的前任大主教，諾貝爾和平獎得主。

是一頓燭光晚餐或是海濱假期。但真正的祕訣，是每天都在小地方貼近彼此的心。

——約翰．高曼

聚焦在小細節，既簡單又困難。當我看著孩童在玩耍，我記起那有多簡單。小朋友會全神貫注在當下，因此可以歡歡喜喜，沉浸在他們的活動中，與朋友作伴。隨著他們的大腦逐漸發展，他們會取得另外兩種能力。一是回憶的能力，一是期待未來的能力。身爲人類，這是我們必不可少的能力，是求生的工具組。能夠記住在哪個方向見過敵人，預料他們可能遇到的問題，這是攸關生存的大事。但得到這兩種新的技能，通常代表我們都花了太多時間停駐在過去，擔憂未來。**透過涓滴改善，我們可以重拾童年的寶貴特質：具備「在當下歡喜起來」的能力，對身邊的人與我們在做的事，都充滿興趣。**

涓滴改善大補帖 Tips

我們大部分的人都花了大量時間駐留在過去或期待未來，以致我們錯過了小細節。當你注意到自己陷溺在憂慮或懊悔中，試試這樣做：

一、問問自己：依據這項憂慮或懊悔時，我需要學習作出任何改變嗎？

二、如果答案是需要，便踏出改變的第一步。如果答案是不需要（往往如此），看看四周，找出你最歡喜的物品或人。將你的思緒放在那件物品上三十秒。這一道程序可以訓練你的大腦「活在當下」。

Notes

第八章

涓滴改善，人生賽局持續精進的終極策略

當你以涓滴改善，實現了減重、
事業升級之類的明確目標，
可別忘了涓滴改善的核心精神：
對我們持續改善的潛力，抱持樂觀的信念。

改變第一步：對自己的大腦和身體要有信心

希望我已經讓你相信，不論是追求明確、獨立的目標，或是矯正有問題的行爲，涓滴改善的效力都很強大。涓滴改善的妙處與難處，在於你需要有信心。未必是宗教信仰的那一種信心，也不是要你不知變通、盲目地投入其中，而是**相信自己的身體與大腦，有本事把你帶到你要去的地方。採取小小的行動，能為你的心智羅盤設定新的方向，讓你的頭腦可以完成後續的工作。**

能夠以溫和、有耐心的態度面對挑戰，通常就是具備這種信心的跡象。不論這些挑戰，是否乍看之下無法克服或沉悶乏味。如果你無法認眞執行嚴格的健康改善計畫，從用牙線清潔一、兩顆牙齒做起，或是在某一餐之前仔細地洗手。如果你想要快樂一點、心情平靜一點，從你坐上駕駛座開始，給你前方的駕駛人充分的空間，體貼他們一下。如果你希望在生活裡更有愛，每天爲一位朋友、點頭之交或陌生人，做一件窩心的小事。

如果你的願望是釋放自己的創意潛力，試試每天都問一個「關於自己」的新問題。等待答案浮現，要懷抱期待，要有信心。

不要以魔鬼訓練營的心態，兇巴巴地逼迫自己改變，允許頭腦以它的步調，在它想要的時候向前躍進。

涓滴改善，讓人生不斷精進

儘管涓滴改善是事業升級、減重、改善健康及其他目標的強大後援，涓滴改善卻不只是讓你跨越終點線的工具，更是博大精深的處世之道。不妨將涓滴改善當作永不完結的旅程。不要在目標實現之後，把涓滴改善拋諸腦後，忘得乾乾淨淨。涓滴改善是要讓我們把人生，視爲持續改善的機會，永遠追求更高的標竿，拓展潛力。當美國在加入第二次世界大戰的前夕採用涓滴改善，目的是提升工廠的生產品質。在當時的美國，製造業並不是問題百出的產業，他們能夠迅速確實地交出高品質的貨物。只是眼看美國即將投入戰局，製造業才走上涓滴改善之路，讓原本已經運作良好的生產方式，更上一層樓。

一如打破紀錄的馬拉松跑者會不斷想方設法，只求將最佳成績再縮短一秒，你也可以找出讓你的人生賽局不斷精進的策略。如果你撥出一點點額外的時間，嘉許下一代在藝術或求知方面的努力，或許你便能夠讓那個孩子發現學習的喜悅。如果你天天花一、兩分鐘寫一張溫馨的紙條，塞進家人的公事包或孩子的午餐盒，或許便能保障你們的感情，不會因為缺乏滋養與日常照顧而乾枯，也就免除了你將來爲了感情破裂而傷腦筋。如果你的身體已經相當健康，而你想要保持下去，不妨開心地善用小小的機會，多爬一道樓梯或是降低一點點垃圾食物的熱量。

如果你想大玩特玩涓滴改善，想想如果有更多的人在社交、商業活動、感情生活上，都相信小小的行動很重要，即使是與另一個人在短短一瞬間的接觸，在本質上都很重要，那我們的世界將會是什麼樣的地方？**涓滴改善讓我們有機會透過小小的善意舉動，乃至在小地方發揮的同理心與好奇**

心，來改變自己——最終，改變人類。我們的日常起心動念與行動，可以著重在慷慨大方，如此在對待重要的人事物時，便不會吝於寬容與體貼，而當孩子惹我們生氣，或是當員工值得我們小小美言的時候，我們都可以盡情地展現善意。我們可以尊重自己，以小小的行動改善健康與感情關係；我們可以尊重別人，向他們提出小小的問題。這些並不容易做到，但只有你可以決定，涓滴改善在你個人小宇宙的地位。但當你將涓滴改善融入日常作息，發掘它的強大力量，你便已經開始回答一個深奧的問題：

除了發揮每時每刻的可能性，人生還有更重要的大事嗎？

謝辭

這一路上多虧了許多人的智慧、愛心與支持，這本書才得以問世：蓋瑞・福斯特（Gary Frost）與丹・貝克博士（Dan Baker），最近四年每個月，都讓我在峽谷牧場度假村擔任講者，眞是榮幸；在峽谷牧場聽我講授涓滴改善的蘿絲琳・塞吉爾（Roslyn Siegel），灌溉、引導這本書的寫作提案；溫蒂・利普金（Wendy Lipkind）與蘿絲琳合作，將這本書帶到沃克曼出版公司（Workman Publishing）；還有負責本書的編輯們，珍妮佛・葛萊芬（Jennifer Griffin）、理察・羅森（Richard Rosen）、艾琳・克拉本德（Erin Klabunde），書稿在他們的指引下蛻變進化。

這本書的概念，是在愛德華茲・戴明博士的課堂裡生根，他是第一位爲我闡釋涓滴改善觀念的人。本書的文字，是莉・安・賀許曼（Leigh Ann

Hirschman）獻上的禮物，她是我的共筆作者，她的幽默與才華是我不可或缺的動力，她協助我將涓滴改善的力量帶進書頁之間。

這一路上，家人與朋友的愛是無價之寶。我的靈性導師，喬．沙祖（Joe Zazzu）從旁引導我的每一步。其他「推了我一把」的人包括：席可拉（Sikorra）一家人，班（Ben）、約翰（John）、蘿麗（Lori）與喬（Joe），此外還有史提夫．戴鐵邦（Steve Deitelbaum），以及馬克．李維（Marc Levitt）。

我們的人生樣貌，取決於我們提出的問題、不願問的問題、沒想過要問的問題。

——山姆・金恩（Sam Keen）

許多人認為與伴侶又一次點燃感情的祕訣，是一頓燭光晚餐或是海濱假期。但真正的祕訣，是每天都在小地方貼近彼此的心。——約翰．高曼（John Goldman），心理學家天下難事，必作於易；天下大事，必作於細。

——《韓非子・喻老》

memo

在你的所在之處行小小的善；正是這些小小的善聯合起來，翻轉世界。

——戴斯蒙・屠圖（Desmond Tutu），諾貝爾和平獎得主

國家圖書館出版品預行編目(CIP)資料

涓滴改善富創巨大成就：零恐懼、不會失敗，長久建立任何新好習慣 /
羅伯.茂爾(Robert Maurer)作；謝佳真譯. -- 初版. --
新北市：李茲文化有限公司, 2021. 01
面；公分

譯自：One small step can change your life : the kaizen way

ISBN 978-986-96595-9-8（平裝）

1. 成功法　2. 自我實現

177.2　109021370

涓滴改善富創巨大成就：
零恐懼、不會失敗，長久建立任何新好習慣

作　　者：羅伯・茂爾 (Robert Maurer)
譯　　者：謝佳真
責任編輯：莊碧娟
主　　編：莊碧娟
總 編 輯：吳玟琪

出　　版：李茲文化有限公司
電　　話：+(886) 2 86672245
傳　　真：+(886) 2 86672243
E-Mail: contact@leeds-global.com.tw
網　　站：http://www.leeds-global.com.tw/
郵寄地址：23199 新店郵局第 9-53 號信箱
P. O. Box 9-53 Sindian Taipei County 23199 Taiwan (R. O. C.)

定　　價：300 元
出版日期：2021 年 1 月 31 日 初版

總 經 銷：創智文化有限公司
地　　址：新北市土城區忠承路 89 號 6 樓
電　　話：(02) 2268-3489
傳　　真：(02) 2269-6560
網　　站：www.booknews.com.tw

Change & Transform

想改變世界．先改變自己

Change & Transform

想改變世界·先改變自己